世界教育箴言

—100位中外教育家的智慧感悟

单中惠 主编

上海交通大学出版社
SHANGHAI JIAO TONG UNIVERSITY PRESS

图书在版编目(CIP)数据

世界教育箴言:100位中外教育家的智慧感悟/单中惠主编.
—上海:上海交通大学出版社,2016
ISBN 978-7-313-14644-1

Ⅰ.①世… Ⅱ.①单… Ⅲ.①教育-格言-汇编-世界
Ⅳ.①G4

中国版本图书馆 CIP 数据核字(2016)第 051980 号

世界教育箴言

——100 位中外教育家的智慧感悟

主　　编:单中惠			
出版发行:上海交通大学出版社		地　　址:上海市番禺路 951 号
邮政编码:200030		电　　话:021-64071208
出 版 人:韩建民			
印　　制:上海天地海设计印刷有限公司		经　　销:全国新华书店
开　　本:787mm×960mm　1/32		印　　张:10.25
字　　数:165 千字			
版　　次:2016 年 6 月第 1 版		印　　次:2016 年 6 月第 1 次印刷
书　　号:ISBN 978-7-313-14644-1/G			
定　　价:25.00 元			

版权所有　侵权必究
告读者:如发现本书有印装质量问题请与印刷厂质量科联系
联系电话:021-64366274

前言

寻觅教育家的智慧感悟

在读者面前呈现的这本《世界教育箴言——100位中外教育家的智慧感悟》，汇集了100位古今中外教育家对教育问题的智慧感悟。

人类社会发展数千年。在漫漫的历史长河中，古今中外教育家通过他们自己的实践探索和理论思考，给人们留下了难以计数的名著名篇以及教育箴言。这些教育箴言不仅闪烁着他们的教育智慧，而且凸显出他们的教育精神。在西方，最早的箴言集当推古代罗马帝国时期传记作家、教育家普鲁塔克（Plutarchos）的《格言》（*Apophthegmata*），此书后来一直被人们所诵读。

无论是对社会的文明进步来说，还是对人的教育培养来说，格言都无可争辩地具有十分重要的意义。古代罗马雄辩家和教育家昆体良（Marus F. Quintilianus）曾这样说过："格言使人终生难忘，一旦铭刻在心中，就能有益于良好性格的形成。"近代德国剧作家歌德（Johann W. von Goethe）也曾指出："对于社会来说，名言集和格言集是最大的财富。"

《世界教育箴言——100 位中外教育家的智慧感悟》所汇集的教育箴言,是从古今中外教育家中选取的 100 位教育家智慧感悟的结晶,更是他们教育人生的心声、教育实践的反思以及教育人格的展现。在教育发展进程中,这 100 位古今中外教育家作为他们所处时代和社会的教育代表人物,不仅献身于教育实践,而且潜心于教育思考。正是教育实践和教育思考在他们的心灵中所激起的思想火花,构筑成反映其智慧感悟的教育箴言。诚然,一则则简短的教育箴言虽然在字数上不能与那些宏大的教育巨著相比,但是,其所蕴涵的真知灼见却能使人们的心灵受到极大的震撼和深刻的启迪。

当我们捧起《世界教育箴言——100 位中外教育家的智慧感悟》、轻轻诵读这些古今中外教育家的教育箴言、细细品味这些教育箴言时,不难发现,它们是千姿百态、异彩纷呈的:有的富有哲理,有的新颖独特,有的寓意精深,有的敏锐尖刻,有的风趣幽默,有的热情奔放,有的睿智达度,有的振聋发聩,有的直面人生,有的耐人寻味……因此,从古今中外教育家的教育箴言中,人们可以领悟教育的方方面面。正因为如此,《世界教育箴言——100 位中外教育家的智慧感悟》似乎就是一本世界教育思想的宝典。

古今中外教育家的名著名篇浩如烟海，仅本书中这100位教育家的著作就卷帙浩繁。遵循精选的原则，我们从这些教育家的著作中选取了反映他们智慧感悟的教育箴言800余则。为了方便读者诵读和品味，我们将这些教育箴言分为八编，并给每一编教育箴言标出主题。这样，尽管由于各种各样的原因，很多一线的中小学教师甚至有些高校教师没有读过这些古今中外教育家的名著名篇，但通过《世界教育箴言——100位中外教育家的智慧感悟》，他们仍然可以很快很好地领悟其教育思想精粹，并与其进行心灵的对话。正是从这个意义上讲，《世界教育箴言——100位中外教育家的智慧感悟》不啻是为读者，尤其是为中小学教师打开了一个通往古今中外教育家智慧宝库的门户。从古今中外教育家智慧宝库中，中小学教师肯定可以得到很多的启迪和激励，从而使我们的教育理念得以升华，使我们的教育心灵变得纯洁，使我们的教育艺术得到提高，使我们的教育实践获得指导。

《世界教育箴言——100位中外教育家的智慧感悟》是在原来的《教育小语》基础上修改补充而成的。《教育小语》自2006年出版，受到很多读者尤其是中小学教师的喜爱。它曾被评为"中小学图书馆推荐图书"（2006）。此次，在听取读者意见和建议的基础上，我们对该书进行了较大的修改和补充,并将其改名为《世界教育箴言——100位中外教育家的智慧感悟》。在本书出版之际,对我的两位博士生杨梅和刘亮曾经的参与表示感谢。同时,衷心希望读者在诵读品味中能对本书提出宝贵的意见和建议。

单中惠

华东师范大学

基础教育改革与发展研究所

目 录

第一编

教育旨在社会和人的发展

教育是国家的事业

1

教育是社会的创造力。每一代人都必须重新规定教育的性质、方向和目的，以保证未来的一代所能达到的自由和理性。我认为这是不言而喻的。

（布鲁纳：《教学论探讨》，《布鲁纳教育论著选》，人民教育出版社1989年版，第115页）

2

教育事业应该是公共的而不是私人的；不要像现在这样，每人只分别地照顾自己的儿童，给予自以为最适合于他们的教育……教育应由法律规定，并且应是国家的事务……

（亚里士多德：《政治学》，《古希腊教育论著选》，人民教育出版社1994年版，第293页）

3

中国之弱，其原因不止一端，而坐国人之暗，人才之乏最为重……教育强国之本。

（严复：《学衡》）

4

一个国家的主要希望，在于它对青年的适当教育……若有了这样的制度，就不需要很多法律或惩罚，因为人民将自愿地遵循正义的道路。

（伊拉斯谟：《一个基督教王子的教育》，《西方古代教育论著选》，人民教育出版社2001年版，第224页）

5

每一个要求治国有方的国家应该把主要注意力放在培育性格方面。因此，治理得最好的国家必然具有最优良的国家教育制度。

（欧文：《新社会观》，《欧文选集》第一卷，商务印书馆1979年版，第79页）

6

只要当政者注意一件大家常说的所谓大事

就行了……教育和培养。因为,如果人们受了良好的教育就能成为事理通达的人……

(柏拉图:《理想国》,商务印书馆1986年版,第138页)

7

教,政之本也;狱,政之末也。

(董仲舒:《春秋繁露·精华》)

8

作为当今社会的人,如果不会读名片,不会写信,则不能适应职业上的需要,从而缺乏衣食生活上的能力。这既是当事者本人的不幸,也是一个国家的不幸,以至于给公共利益造成损害。因此,为了整个社会的安宁,多少给国民一些教育是必要的。

(福泽谕吉:《国民的教育》,《福泽谕吉教育论著选》,人民教育出版社1991年版,第70页)

9

玉不琢,不成器;人不学,不知道。是故,古之王者,建国君民,教学为先。

(《礼记·学记》)

10

今之策国是者,莫不重教育;策教育,莫不谋普及。夫教育曷贵于普及?岂不曰教育普及,则社会国家一切至重要、至困难问题,根本上皆得缘以解决也。

🌐 (黄炎培:《中华职业教育社宣言书》,《黄炎培教育文选》,上海教育出版社1985年版,第52页)

11

为了人民教育,立教育之法,耗巨资而不误其处置,就可以使整个国家得到繁荣昌盛,这是毋庸置疑的。

🌐 (福泽谕吉:《人民的教育》,《福泽谕吉教育论著选》,人民教育出版社1991年版,第51页)

12

除了教育之外,任何东西都不能促进一个国家的繁荣、强大和幸福。

🌐 (杰斐逊:《反对愚昧无知运动》,1926年英文版,第120页)

13

有人认为教既无益,不教亦无损,教育完全是徒劳的。这也是大错特错的。可以说,世上没有比教育人更重要的事了。这是因为教育就像植树者的工作一样。如果置之不理任其自然,庭院里的松树也会横生枝杈,园中的牡丹也会尽失富贵之相,有时它们亦难免因虫害而枯萎凋零。只有经过植树者矫枝培根,四季勤劳,才能使其生机盎然,枝繁叶茂,色香宜人。

🌐（福泽谕吉:《教育的力量》,《福泽谕吉教育论著选》,人民教育出版社 1991 年版,第 52 页）

14

在教育事业中,激起社会舆论是改善这方面工作的唯一牢固的基础;哪里不存在关于教育的社会舆论,哪里就不存在公共教育,尽管可能存在大量的公共学校。

🌐（乌申斯基:《论公共教育的民族性》,《乌申斯基教育文选》,人民教育出版社 1991 年版,第 86 页）

15

建立国民学校的条件有两种:一种是物质条

件，主要是钱款；另一种是精神条件，其代表就是人本身，而在这里指的就是教导者，是教师。

🌐 （乌申斯基：《关于国民学校的问题》，《乌申斯基教育文选》，人民教育出版社1991年版，第118页）

国家富强在于开启民智

1

教育应该启发人的意识，以便在他的面前明确地开辟一条正道……如果教育不想成为无能为力的，那么它就应当是具有民族性的。

🌐 （乌申斯基：《论公共教育的民族性》，《乌申斯基教育文选》，人民教育出版社1991年版，第81页）

2

世界之运，由乱而进乎平，胜败之原，由力而趋于智，故言自强于今日，以开民智为第一义。

🌐 （梁启超：《学校总论》）

3

尽管人们的生活状况表面上不一样,但一切正确的人类教育的基础却始终是同样的,而且必须是同样的……任何阶层若真能享受到这种教育,大家则会和他们一起分享这种教育,因为这一阶层的亮光将照亮那些还未分享这一教育的其他阶层,他们将看到自己的良好成果:在光亮面前,黑暗将无法存在;在真理面前,谬误将无地容身;在爱的面前,冷酷无情难以复存;在力量面前,软弱难以为继;在尊严面前,堕落将难以抗衡。

（裴斯泰洛齐:《改进教育的观点、经验和手段》,《裴斯泰洛齐选集》第二卷,教育科学出版社1996年版,第171页）

4

古人说:"民为邦本。"一个共和国的基础稳固不稳固,全看国民有知识没有。国民如果受到相当的教育,能够和衷共济,努力为国家负责,国基一定稳固。

（晏阳初:《中华平民教育促进会宣言》,《晏阳初教育论著选》,人民教育出版社1993年版,第1页）

5

尝考泰西之所以富强，不在炮械军乐，而在穷理劝学……夫才智之民多则国强，才智之士少则国弱。

🌐 （康有为：《上清帝第二书》，《康有为政论集》上册）

6

教育的主要目的，在最广泛的意义上就是"塑造人"，或者更确切地说，帮助儿童成为充分成型的和完全无缺的人……必须看到，广义的教育在我们每一个人的全部生活过程中是不断进行的。

🌐 （马里坦：《新托马斯主义的教育观》，《西方现代教育论著选》，人民教育出版社2001年版，第313～314页）

7

夫材之用，国之栋梁也，得之则安以荣，失之则亡以辱。

🌐 （王安石：《临川先生文集》卷六十四）

8

夫养人才,犹种树也。筑室可不月而就,种树非数年不阴。今变法百事可急就,而兴学养才,不可以一日致也……

（康有为：《请开学校折》,《康有为政论集》上册）

9

善政不如善教之得民也。善政民畏之,善教民爱之;善政得民财,善教得民心。

（孟轲：《孟子·尽心上》）

10

吾人在社会组织未经改良之前,唯有努力于教育机会的平等,使人人所蕴蓄的无限能力,都有发展的机会,那末,人格不平等的原因,就可以消除了。

（晏阳初：《平民教育概念》,《晏阳初教育论著选》,人民教育出版社1993年版,第31页）

11

教育的目的,在于改进生活,充实生活;教育的本身是一种生活,而生活的本身也是一种教育。人在教育中生长,这一生长一方面是指个人道德行为、智力的发展过程,一方面是指整个人类向更高的道德和文化生活发展。

（陈鹤琴:《中国儿童教育之路》,《陈鹤琴全集》第四卷,江苏教育出版社2008年版,第310页）

12

要做一个"现代人",一方面要不忘本,换句话说,就是不要忘记我们是中国人,一方面要应用欧美的科学,要有驾驭自然的本领,一扫从前那种靠天吃饭、信赖命运的行为,换上一副创造新天地的气魄,这才能有办法。

（晏阳初:《"误教"与"无教"》,《晏阳初教育论著选》,人民教育出版社1993年版,第163页）

13

教育对于人的各个方面施加影响,包括对其民族特点和个人特点——肉体、心灵和智慧施加影响,而且首先把人的性格作为对象,而性格正是民族得以存在的土壤。

（乌申斯基：《论公共教育的民族性》，《乌申斯基教育文选》，人民教育出版社1991年版，第3页）

14

教育必须认识，它本身是为什么的……教育是形成未来的一个主要因素，在目前尤其如此，因为归根到底，教育必须培养人类去适应变化，这是我们时代的显著特征。

（富尔：《学会生存》，教育科学出版社1996年版，第137页）

15

在公共需要不受损害的范围内，所有公民应该除了从事体力劳动，还有尽可能充裕的时间用于精神上的自由及开拓，他们认为这才是人生的快乐。

（莫尔：《乌托邦》，商务印书馆1982年版，第60页）

16

现在我们知道，用嫁接技术就可以把一株新

树插到野生树干上,使之结出最好的果实来。教育也一样,可以将新人"嫁接"到土生土长的血统中去,改变其本性中的恶质,使之成为有道德、有社会价值的人。

🌐(引自潘凯克:《革命的哲学家:杰斐逊著作选》,1955年英文版,第234页)

17

完善的、高贵的教育,就是培养人在平时和战时能公正地、熟练地、高尚地履行其公私职责的那种教育。

🌐(弥尔顿:《论教育》,1982年英文版,第221页)

18

一切的社会改造运动,如政治的、经济的,都不及教育的有根据、能永久。因为教育的改造,是改造人的思想的,人的思想是足以支配政治及经济的。

🌐(杨贤江:《思想的革命》,《学生杂志》第9卷第1期,1922年)

人的发展取决于教育

1

假如要形成一个人,就必须由教育去形成,只有受过恰当教育之后,人才能成为一个人。

（夸美纽斯:《大教学论》,人民教育出版社1984年版,第39页）

2

为人在世,可贵者在于发展,在于发展各人天赋的内在力量,使其经过锻炼,使人能尽其才,能在社会上达到他应有的地位。这就是教育的最终目的。

（裴斯泰洛齐:《林哈德和葛笃德》,《西方近代教育论著选》,人民教育出版社2001年版,第238页）

3

人的能力中,天赋遗传的因素是有限度的,绝不能超过其限度……人,学则智,不学则愚,人的智慧取决于教育。

（福泽谕吉：《福泽谕吉教育论集》，1981年日文版，第60页）

4

要是我证明了人果然是他的教育的产物，那就毫无疑问是向各国昭示了一项伟大的真理。它们将会知道，自己手里掌握着强大和幸福的工具，要使自己幸福和强大，问题只在于改善教育的科学。

（爱尔维修：《论人的理智能力和教育》，《十八世纪法国哲学》，商务印书馆1979年版，第479页）

5

有田亩便当尽力开垦，有子孙便当尽力教诲。田畴不恳，宁免饥寒；子孙不教，能无败亡？

（张履祥：《赁耕末议》）

6

我们日常所见的人中，他们之所以或好或坏，或有用或无用，十分之九都是他们的教育所决定的。人类之所以千差万别，便是由于教育之故。我们幼小时所得的印象,哪怕极微极小,小到几乎觉察不出,都有极重大极长久的影响。

（洛克:《教育漫话》,教育科学出版社 1999 年版,第 1 页）

7

在这种社会划分和与此相适应的制度下,每个人所受的训练和教育将使他们能够用最好的方式尽量发展本人的全部才能和力量;这种发展将在外部条件新的结合下实现,这种外部条件是专门为了使人性中的完善优美的品质不断表现出来而创造的。这样,所有的人都将在体、智、德、行方面受到良好的教育。

（欧文:《〈新道德世界书〉摘译》,《欧文选集》第二集,商务印书馆 1981 年版,第 39~40 页）

8

一切教育努力的根本目的,应该是帮助男女儿童尽其可能达到最高度的个人发展。

（沛西·能:《教育原理》,人民教育出版社 1992 年版,第 2 页）

9

培养人(包括卑贱人的培养)的总目的,就是为了使人的本性的内力升华为纯真的人的智力。

🌐 (裴斯泰洛齐:《隐士黄昏》,《裴斯泰洛齐选集》第一卷,教育科学出版社 1994 年版,第 196 页)

10

夫儒生之所以过文吏者,学问日多,简练其性,雕琢其材也。故夫学者所以反情治性,尽材成德也。

🌐 (王充:《论衡·量知》)

11

人如果不通过哲学的理性教育和语言的学习,将是一种比牲畜还要低下的造物,这是毫无疑问的。我们可以看到,没有一种野兽比一个被他的野心或欲望、愤怒或嫉妒、或者没有法律的约束而驱使其忽此忽彼的人更野蛮、更有害。

🌐 (伊拉斯谟:《一个基督教王子的教育》,引自《教育史中的主要潮流》,1962 年英文版,第 297 页)

12

当然，一般发展是学习和教育的一个极其重要的因素，但起着同样重要作用的还有那些基本知识，如果不识记和牢固地保持这些基本知识，那就不可能有一般发展，因为所谓一般发展，就是要不断地去掌握知识，而要做到这一点，则必须学会学习。

（苏霍姆林斯基：《给教师的建议》下，教育科学出版社1981年版，第134页）

13

一切构造得同样完善的人，都拥有获得最高观念的体力；我们在人与人之间所见到的精神上的差异是由于他们所处的不同的环境、由于他们所受的不同的教育所致。这个结论说明了教育的全部重要性。

（爱尔维修：《论人的理智能力和教育》，《十八世纪法国哲学》，商务印书馆1979年版，第467～468页）

14

习于善而已矣，所谓上智者；习于恶而已矣，所谓下愚者；一习于善，一习于恶，所谓中人者……是果性善而不善者，习也。

　　🌐（王安石：《王文公文集》卷六十八）

15

论人之性，定有善有恶。其善者，固自善矣；其恶者，故可教告率勉，使之为善……人之性，善可变为恶，恶可变为善，犹此类也。

　　🌐（王充：《论衡·率性》）

16

愚蠢的人需要受教导，好使他们摆脱本性中的愚蠢，这是无人怀疑的。其实聪明人更需要受教育，因为一个活泼的心理如果不去从事有用的事情，它便会去从事无用的、稀奇的、有害的事情……

　　🌐（夸美纽斯：《大教学论》，人民教育出版社1984年版，第42页）

17

越是禀赋好的人越需要受教育……禀赋最优良的、精力最旺盛的、最可能有所成就的人，如果经过教育而学会了他们应当怎样做人的话，就能成为最优良、最有用的人，因为他们能够做出极多、极大的业绩来；但如果没有受过教育而不学无术的话，那他们就会成为最不好、最有害的人，因为由于不知道应该选择做什么，就往往会插手一些罪恶的事情，而且由于狂傲激烈、禀性倔强、难受约束，就会做出很多很大的坏事来。

（引自色诺芬：《回忆苏格拉底》，商务印书馆1984年版，第139页）

18

在所有的事上，凡受到尊敬和赞扬的人都是那些知识最广博的人，而那些受人谴责和轻视的人都是那些最无知的人。

（引自色诺芬：《回忆苏格拉底》，商务印书馆1984年版，第109页）

19

只有愚人才会自以为不用学习就能够分辨什么是有益的和什么是有害的事情。也只有愚人才认为，尽管不能分辨好歹，单凭财富就可以取得自己所想望的并能做出对自己有利的事情……只有呆子才会认为,尽管自己一无所知,但由于有财富就会被认为是个有才德的人,或者尽管没有才德,却会受到人们的尊敬。

🌐 (引自色诺芬:《回忆苏格拉底》,商务印书馆1984 年版,第 139 页)

20

学习比无知更能给人类带来幸福……那么什么是无知呢? 先生们,我认为无知就是瞎子和聋子……

🌐 (弥尔顿:《论维护学习》,《中世纪教育文选》,人民教育出版社 1989 年版,第 580~589 页)

21

我欲贱而贵,愚而智,贫而富,可乎? 曰:其唯学乎!

🌐 (荀况:《荀子·儒效》)

22

在教育中,必须注意人在其中诞生或将来生活所在的地点和时间的条件;一句话,要注意其广泛和包罗万象的意义上说的全部现代文化,特别是学生祖国的文化。

🌐（第斯多惠：《第斯多惠教育论著选》，1956 年俄文版，第 189～190 页）

23

怎样生活？这是我们的主要问题……这个既是我们需要学的大事，当然也就是教育中应当教的大事。为我们的完满生活做准备是教育应尽的职责；而评判一门教学科目的唯一合理办法就是看它对这个职责尽到什么程度。

🌐（斯宾塞：《教育论》，《斯宾塞教育论著选》，人民教育出版社 1997 年版，第 58 页）

24

教育是年长的一代对尚未为社会生活做好准备的一代所施加的影响。教育的目的就是在儿童身上唤起和培养一定数量的身体、知识和道德状态，以便适应整个政治社会的要求，以及他将来注定所处的特定环境的要求。

🌐（涂尔干：《道德教育》，上海人民出版社 2001 年版，第 309 页）

人终身需要教育

1

　　教育,不能停止在儿童期和青年期,只要人活着,就应该是继续的。教育必须以这样的做法,来适应个人和社会的连续性的要求。

　　●(朗格朗:《终身教育引论》,中国对外翻译出版公司1985年版,第16页)

2

　　以终身教育为指向的现代教育应围绕四种基本学习加以安排。可以说,这四种学习将是每个人一生中的知识支柱:学会认知,即获取理解的手段;学会做事,以便能够对自己所处的环境产生影响;学会共同生活,以便与他人一道参加人的所有活动并在这些活动中进行合作;最后是学会生存,这是前三种学习成果的主要表现形式。当然,这四种获取知识的途径是一个整体,因为它们之间有许多连接、交叉和交流点。

　　●(德洛尔等:《教育——财富蕴藏其中》,教育科

学出版社 1996 年版,第 75~76 页)

3

　　人原则上是并且始终是需要教育的,因为人在整个一生中始终在向更新的阶段发展,而在这些阶段中又始终在产生新的学习任务。人的整个一生都需要不断地受教育……

　　🌐(博尔诺夫:《教育人类学》,华东师范大学出版社 1999 年版,第 38 页)

4

　　终身教育是一系列很具体的思想、实验和成就,换言之,是完全意义上的教育,它包括了教育的各个方面内容,从一个人出生的那一刻起一直到生命终结时为止的不间断的发展,包括了教育各发展阶段之间的有机联系。

　　🌐(朗格朗:《终身教育引论》,中国对外翻译出版公司 1985 年版,第 15~16 页)

5

　　教育过程,即对培养和教育儿童有深远意义的过程,并不都是在学校中进行的。在学校中进行的仅仅是一小部分，尽管这是非常重要的一部分。所以，我们应当善于区分教育的一些基本因素，即自然、经济、风俗习惯、社会组织。我们的任务就是研究它们，使这些因素对儿童越来越有利……我们的职责是要看到自己在改变这些因素中的使命，为此，必须把这些因素看作是教育的因素。

🌐（沙茨基：《研究生活和参与生活》，《沙茨基教育论著选》第二卷，1963年俄文版，第298页）

6

应该综合地考虑教育……不仅包括学校和学院，也包括图书馆、博物馆、日托中心、广播和电视台、公司、工厂和农场。

🌐（克雷明：《公共教育》，1976年英文版，第59页）

7

对年轻人来说，普通教育的目的是培养他们不断进行自我教育所必需的习惯、观念和技能。因此，正规的制度化的普通教育是为年轻人终身的自我教育做准备的。

🌐（赫钦斯：《教育中的冲突》，1953年英文版，第74页）

8

只有愿意付出代价的人才能适应这种情况，而这个代价就是教育——这种教育永不停止。这种教育从智力，也从情感和想象各个方面调动生命的每种能力和手段。

（朗格朗：《终身教育引论》，中国对外翻译出版公司1985年版，第32页）

9

教育就是广泛的文化适应过程。通过这一过程，前代人使后代人能按变化着的信念、习惯、实践及生活方式的其他特点去思想和行动。

（布拉梅尔德：《教育的文化基础——跨学科研究》，1955年英文版，第3页）

开办学校旨在培养人才

1

请您想想！时代在进步，五十年来，一切都变动了,学校还是依然故我。这哪能培养出现代的人才,哪能适合时代的需要……

（裴斯泰洛齐：《林哈德和葛笃德》,《西方近代教育论著选》,人民教育出版社 2001 年版,第 232 页）

2

中国之衰乱由于教之未善……亡而存之,废而举之,愚而智之,弱而强之,条理万端,皆归本于学校。

（梁启超：《学校总论》）

3

人皆知外洋各国之强由于兵,而不知外洋之强由于学……夫立国由于人才,人才出乎立学,此古今中外不易之理。

（张之洞：《张文襄公奏稿》卷二十四）

4

人言教职为闲署,而不知人才为政事之本,而学校尤为人才之本也。

（颜元：《习斋年谱》卷下）

5

有国者诚痛洗数代之陋,用奋帝王之猷,俾家有塾、党有庠、州有序、国有学;浮文是戒,实行是崇,使天下群知所向,则人才辈出,而大法行,而天下平矣。

(颜元:《存治编·学校》)

6

就系统教学和学习而言,学校仍是社会的一个卓越的机构,具有高尚的和普遍的价值,不过,学校正依据一种剧烈变化的教育生态学观点工作,因此,必须使教学适应已变化的生态学模式。

(克雷明:《走向一种教育生态学》,[美]《教育论坛》,1983 年冬季号,第 250 页)

7

如果一个教育者对时代的合理要求不闻不问,那么,他自己就会使他的学校丧失生命力,自愿放弃他应有的对生活的正当影响,而不能完成自己的责任:他不会使新生一代对生活做好准备。

(乌申斯基:《人是教育的对象》上卷,人民教育出版社 1989 年版,第 559 页)

8

致天下之治者在人才,成天下之材者在教化,职教化者在师儒;弘教化而致之民者在郡邑之任;而教化之所本者在学校。

（胡瑗：《松滋儒学记》,《古今图书集成》第五十五册）

9

所谓健全的人格,内分四育,即(一)体育、(二)智育、(三)德育、(四)美育。这四育是一样重要,不可放松一项的。

（蔡元培：《普通教育和职业教育》,《蔡元培教育论集》,湖南教育出版社1987年版,第303页）

10

是以讲教育者,其事常分三宗：曰体育,曰智育,曰德育。三者并重……不佞以为智育重于体育,而德育尤重于智育。

（严复：《原强》）

11

天下不可一日而无政教，故学不可一日而亡于天下。古者井天下之田，而党庠、遂序、国学之法，立乎其中，乡射饮酒，春秋和乐，养老劳农，尊贤使能，考艺选言之政……无不出于学。

🌐 （王安石：《慈溪县学记》，《王文公文集》卷八十三）

12

教育是年长的几代人对社会生活方面尚未成熟的几代人所施加的影响。其目的在于使儿童的身体、智力和道德状况都得到某些激励与发展，以适应整个政治社会在总体上对儿童的要求，并适应儿童将来所处的特定环境的要求……教育在于使年轻一代系统地社会化。

🌐 （涂尔干：《教育及其性质与作用》，《国外教育社会学基本文选》，华东师范大学出版社2009年版，第8页）

13

孔子曰：道之以政，齐之以刑，则民免而无耻。不如以德礼为先，而辅以政刑也。夫欲用德礼，未有不由学校师弟子者。

🌐 （韩愈：《韩昌黎文集·潮州请置乡校牒》）

14

教育两件事：一件是体育，是为身体的；另一件是音乐，是求心灵美善的。

（柏拉图：《法律篇》，《西方古代教育论著选》，人民教育出版社2001年版，第77页）

15

教育究竟是什么呢？似乎确实很难找到比我们早已发现的那种教育更好的了。这种教育就是用体操来训练身体，用音乐来陶冶心灵。

（柏拉图：《理想国》，商务印书馆1986年版，第70页）

学校应造就和谐发展的人

1

我们所要求的是使儿童带着整个的身体和整个的心智来到学校，又带着更圆满发展的心智和甚至更健康的身体离开学校。

⚫ (杜威:《学校与社会》,《学校与社会·明日之学校》,人民教育出版社 1994 年版,第 66 页)

2

培养全面发展的、和谐的个性的过程就在于:教育者在关心人的每一个方面和特征的完善的同时,任何时候也不要忽略人的所有各个方面和特征的和谐,都是由某种主导的、首要的东西所决定的……在这个和谐里起决定作用的、主导的成分是道德。

⚫ (苏霍姆林斯基:《给教师的建议》下,教育科学出版社 1981 年版,第 277 页)

3

要造就和谐发展的人,也就是说:一方面要发展和满足他们的需要,另一方面要发展他们的能力。同时,要使这些需要和能力不致相互妨碍,而成为一个完整的机体,如同在制造机器时,我们关心使机器的各个零件不相互妨碍、能够发挥最大的效能一样。

⚫ (卢那察尔斯基:《卢那察尔斯基论国民教育》,1958 年俄文版,第 444 页)

4

只有儿童集体的丰富多彩、生气勃勃的生活，才是使每一个学生的才能开花结果的条件。如果认为只要对学生进行个别工作就能使他得到多方面的发展，那是一种很大的误解。

（赞可夫：《和教师的谈话》，教育科学出版社1980年版，第32页）

5

教育就是要均衡地和有目的地发展人的一切能力，从而把全人类引向它的目标。

（康德：《康德论教育》，1971年英文版，第11页）

6

请看一看我的爱弥尔：他现在已经年过二十，长得体态匀称，身心两健，肌肉结实，手脚灵巧；他富于感情，富于理智，心地是十分的仁慈和善良；他有很好的品德，有很好的审美能力，既爱美又乐于为善；他摆脱了种种酷烈的欲念的支配和偏见的束缚，他一切都服从于理智的法则，他一切都倾听友谊的声音；他具有许多有用的本领，而且还通晓几种艺术；他把金钱不看在眼里，他谋生的手段就是他的一双手，不管他到什么地方去，都不愁没有面包。

（卢梭：《爱弥儿》，商务印书馆 1978 年版，第634 页）

7

雄辩家应是伟大而不过分，崇高而不暴烈，勇敢而不鲁莽，稳重而不沮丧，有力而不懒散，生气勃勃而不放荡，外貌悦人而不放肆，庄重而不装腔作势。

（昆体良：《昆体良论教育》，1938 年英文版，第136 页）

8

在学习社会中，每一个人要学习的不只是谋生能力，更重要的是成为一个完整的、充满活力的人。

（赫钦斯：《永恒与变化》，1970 年英文版，第125 页）

9

所谓一般发展，就是不仅发展学生的智力，而且发展情感、意志品质、性格和集体主义思想。

（赞可夫：《和教师的谈话》，教育科学出版社1980年版，第148页）

10

最基本和最重要的原则，就是教育在它各个自然阶段中的统一性和连续性，因为，如果任何学校的手段并不能使教育形成自然的分段，那么势必破坏教育的次序，造成教学和教育思想的分歧，甚至会导致教师在教学上的任意性，使他们无所适从和不知所措。

（洪堡：《立陶宛的学校计划》，《教育学文集·联邦德国教育改革》，人民教育出版社1991年版，第6～7页）

11

教育……目的不在获利与获物，也不在外表的炫耀和装饰，而在于修饰和丰富他的内心，希望塑造和教育出一个有才能的、有本事的人，而不是一个空虚的学者。

（蒙田：《论儿童的教育》，《中世纪教育文选》，人民教育出版社1989年版，第418页）

12

学所以开人之蔽而致其知，学而不知其方，则反以滋其蔽。

（陆九渊：《送杨通老》，《陆九渊集》卷二十）

13

学校教育的宗旨应该是开发多种智能，并能帮助学生发现适合其智能特点的职业和业余爱好。我相信得到这种帮助的人在事业上将会更投入、更具有竞争力，因此将会以一种更具建设性的方式服务于社会。

（加德纳：《多元智能》，新华出版社2003年版，第10页）

14

教育首先具有把儿童与社会连结起来的功能……学校只是道德上的代理人，通过它，儿童能够系统地学会知识和热爱他的祖国。正是这一事实,为今日学校在国民道德的塑造中扮演的角色赋予了突出的重要地位。

🌐 (涂尔干:《道德教育》,上海人民出版社2001年版,第78~79页)

15

教育的目的不是考试,不是分数,不是名次。更不用说不是要你作弊,患近视眼、肺病、神经衰弱;也不是要你发迹,打个人小算盘,谋一枚勋章。教育的理想需要根本的转变。

🌐 (小原国芳:《教育立国论》,《小原国芳教育论著选》上卷,人民教育出版社1993年版,第220页)

16

先生教死书,死教书,教书死。学生是读死书,死读书,读书死。

🌐 (陶行知:《生活即教育》,《陶行知教育文选》,教育科学出版社1981年版,第116页)

加强学校与社会的联系

1

只有当学校本身是一个小规模的合作化社会的时候,教育才使儿童为将来的社会生活做准备……其中首要因素就是应该把学校本身建设成社会生活的方式。

（杜威:《大学初等学校的组织计划》,引自《杜威学校》,教育科学出版社 2007 年版,第 3～4 页）

2

学校如能使儿童为现代生活做准备,那么,它即可以达到普通教育目的;学校如能在实践上使儿童接触一般生活,尤其是社会生活,那么,学校的这种准备即能成功。

（德可乐利:《比利时德可乐利的新教育法》,上海中华书局 1932 年版,第 15 页）

3

公共教育在发展人的智慧和他的自我意识的同时,使人身上所具有的民族性得到巩固和发展,并且还有力地促进整个民族自我意识的发展;公共教育把意识之光引入民族性格的深处,从而对社会及其语言、文学、法律的发展——总之,对社会的整个历史产生良好而有力的影响。

⚫ (乌申斯基:《论公共教育的民族性》,《乌申斯基教育文选》,人民教育出版社1991年版,第83页)

4

生活就是发展,而不断发展,不断生长,就是生活。用教育术语来说,就是:①教育过程在它本身以外无目的;它就是它自己的目的。②教育过程是一个不断改组、不断改造和不断转化的过程。

⚫ (杜威:《民主主义与教育》,《杜威教育名篇》,教育科学出版社2006年版,第123页)

5

人是为生活而学习,并非为学校而学习。

⚫ (爱伦·凯:《儿童的世纪》,1972年英文版,第210页)

6

我们的学习不是为了学校,而是为了生活!
不是为了富丽堂皇,而是为了实用!

（赫尔巴特:《普通教育学》,《普通教育学·教
育学讲授纲要》,人民教育出版社1989年版,第111页）

7

教师在学校中并不是要给儿童强加某种概
念,或形成某种习惯,而是作为集体的一个成员
来选择对于儿童起作用的影响,并帮助儿童对这
些影响做出适当的反应……教师的职务仅仅是
依据较多的经验和成熟的学识来决定怎样使儿
童得到生活的训练。

（杜威:《我的教育信条》,《杜威教育名篇》,教
育科学出版社2006年版,第5页）

8

从广义方面想一想,就觉得教育和人的生
活有极大的关系了。没有教育即不能生活,所
以我们可以说:教育即生活。这种广义的教
育,无论什么人,一天总不能离的……绝对不可

离的。

（杜威：《教育哲学》，上海大新书局1935年版，第3～4页）

9

如果过的是少爷生活，虽天天读劳动的书，不算是受着劳动的教育；过迷信的生活，虽天天听科学的讲演，不算是受科学教育……过的是开倒车的生活，虽天天谈革命的行动，不算是受着革命的教育。我们要想受什么教育，便需过什么生活。

（陶行知：《普及现代生活教育之路》，《陶行知教育文选》，教育科学出版社1981年版，第164页）

10

从定义上说：生活教育是给生活以教育，用生活来教育，为生活向前向上的需要而教育。从生活与教育的关系上说：是生活决定教育。从效力上说：教育要通过生活才能发出力量而成为真正的教育……"行是知之始，知是行之成"是教人从源头上去追求真理。

（陶行知：《谈生活教育》，《陶行知教育文选》，教育科学出版社1981年版，第267页）

11

最大浪费是由于儿童在学校中不能完全、自由地运用他在校外所获得的经验；同时，另一方面，他又不能把学校里所学的东西应用于日常生活。这就是学校的那种隔离现象，就是学校跟生活隔离开来。

（杜威：《学校与社会》，《杜威教育名篇》，教育科学出版社 2006 年版，第 45 页）

12

教育的转型始终是社会转型的结果与征候，要从社会转型的角度入手来说明教育的转型。要想让一个民族在一个特定的时间环节上感受到改变教育体系的需要，就必须有新的观念、新的需要浮现出来，使此前的体系再也无法满足需要。

（涂尔干：《教育思想的演进》，上海人民出版社 2003 年版，第 231 页）

13

社会生活的变化对于教育只有形式上和表

面上的影响，那是难以想象的……根本的情况已经改变了，在教育方面也只有相应的改变才行。

（杜威：《学校与社会》，《学校与社会·明日之学校》，人民教育出版社 1994 年版，第 29～30 页）

学校是一个特殊的集体

1

虽然学校必须是一个集体，但它必须是一个特殊性质的集体。它还必须是一个自然的集体，意思是在校内外生活条件之间不应有突然的割裂。在学校里，公民的精力不应受到抑制或窒息，无论教师或学生，都应该有完美地和活跃地生活的余地……虽然学校应该真实地反映外部世界，但它仅仅应该反映这个世界中最优秀和最重要的东西。

（沛西·能：《教育原理》，人民教育出版社 1992 年版，第 262 页）

2

学校应当是一个统一的集体,在这里组织全部的教育过程。这个集体的每一个成员也应当感觉到自己对集体的依靠,应当忠于集体的利益,应当维护这种利益,并且首先要重视这种利益。

（马卡连柯:《普通学校的苏维埃教育问题》,《马卡连柯教育文集》下卷,人民教育出版社1985年版,第21页）

3

只有建立了统一的学校集体,才能在儿童的意识中唤起舆论的强大力量,舆论是起调节和约束作用的教育因素。

（马卡连柯:《苏维埃学校里的教育问题》,《马卡连柯教育文集》上卷,人民教育出版社1985年版,第92页）

4

在教育单独的个人的时候,我们应当想到整个集体教育。在实践中,这两个任务只有同时用一个共同的方法来解决才行。每当我们给个人一种影响的时候,而这种影响必定同时应当是给集体的一种影响。相反地,每当我们涉及集体的时候,同时也应当成为对于组成集体的每一个个人的教育。

⊙(马卡连柯:《教育的目的》,《马卡连柯教育文集》上卷,人民教育出版社1985年版,第79页)

5

任何东西,也不能像传统那样地巩固集体。培养传统、保持传统是教育工作中极其重要的任务。一所学校如果没有传统,当然就不会是好学校……

⊙(马卡连柯:《普通学校的苏维埃教育问题》,《马卡连柯教育文集》下卷,人民教育出版社1985年版,第23页)

6

在工作组织得很合理的学校里,不可能因为偷懒而受到惩罚,因为孩子们在课堂内就把功课学会了;也不可能因为淘气而受到惩罚,因为孩子们很忙碌,根本没有时间去淘气。

⊙(乌申斯基:《论课堂纪律》,《乌申斯基教育文选》,人民教育出版社1991年版,第242页)

7

一所学校应该成为一个理想的家庭……在每一个教室里,配备一位受过教育的、有文化的、得到一定训练的、热爱儿童的教师,一位富于科学教育知识并积极热情地应用其原则的教师。

（帕克:《关于教育学的谈话》,1894 年英文版,第 450~451 页）

8

集体生活是儿童之自我向社会化道路发展的重要推动力,为儿童心理正常发展所必需。一个不能获得这种正常发展的儿童,可能终其身只是一个悲剧。

（陶行知:《育才学校教育纲要草案》,《陶行知教育文集》,江苏教育出版社 1991 年版,第 670~671 页）

第二编

寻觅儿童教育的秘诀

儿童期是人生中最重要的时期

1

儿童发展的时期是一生最重要的时期……所以,儿童教育是人类最重要的一个问题……必须注意为儿童期设置一个适当的世界和一个适当的环境,这是一个绝对迫切的需要。我们这样做,将为人类完成一项巨大的工作。

🌐(蒙台梭利:《儿童教育》,《西方现代教育论著选》,人民教育出版社 2001 年版,第 92 页)

2

无论在生理方面或心理方面,幼儿时期的教育都是非常重要的。儿童对社会适应得是否健全;儿童生理方面或心理发展的程度是否表现着常态的前进;儿童对于卫生习惯有否养成,以及儿童身体健康是否得到健美的发展,幼儿期的教育都该担负相当的责任。

🌐(陈鹤琴:《儿童心理学》,《陈鹤琴全集》第一卷,江苏教育出版社 2008 年版,第 487 页)

3

儿童具有一种依靠自己而能够吸收的心理，这一发现给教育界带来一场革命。我们现在能够轻而易举地理解为什么人的发展的第一时期，性格形成时期，是最为重要的。正是在这个时期，儿童最需要一种明智的帮助，影响其创造活动的任何障碍都将影响其充分的发展。我们应该帮助儿童。由此，我们不再把儿童视为一种弱小的生物，而是赋予儿童一种巨大的创造力，然而这种能力非常脆弱，需要爱和正确的保护。

（蒙台梭利：《有吸收力的心理》，《蒙台梭利幼儿教育科学方法》，人民教育出版社 1993 年版，第 346 页）

4

幼稚期（自出生至 7 岁）是人生最重要的一个时期，什么习惯、言语、技能、思想、态度、情绪都要在此时期打下一个基础，若基础打得不稳固，那健全的人格就不容易建造了。

（陈鹤琴：《家庭教育》，《陈鹤琴教育文集》上卷，北京出版社 1985 年版，第 582 页）

5

如果教育就是各种自然倾向和能力的正常生长，那么注意在成长过程中每天所进行的特殊形式，是保证成年生活的种种成就的唯一方法。人的成长是各种能力逐渐生长的结果。儿童时期的真正意义是生长和发展的时期。

（杜威：《明日之学校》，《学校与社会·明日之学校》，人民教育出版社 1994 年版，第 223 页）

6

谁不知道一个人的童年是他一生中最幸福的时光，同时又是极为受人宠爱的时候？我们亲吻、拥抱和抚爱儿童……除了聪明的大自然有目的地赋予他、帮助他在这个世界上更为欢快地度过艰难的教育历程，帮助他度过保姆对他喜爱地细心照看的日子，以及他的浑沌无知外，还有什么呢？

（伊拉斯谟：《愚人颂》，《中世纪教育文选》，人民教育出版社 1989 年版，第 81～82 页）

7

假如儿童在（幼儿——编者注）这一年龄阶

段遭到损害,假如存在于他身上的他的未来生命之树的胚芽遭到损害,那么,他必须付出最大的艰辛和最大的努力才能成长为强健的人。

🌐（福禄培尔：《人的教育》,人民教育出版社1991年版,第34页）

8

从某种好的意义上说,人是创造未来的生命体。

🌐（博尔诺夫：《教育人类学》,华东师范大学出版社1999年版,第96页）

9

儿童是国家的基础,将来建国必须依靠他们。儿童的身心都未成熟,所以儿童教育要多用培育方式。

🌐（晏阳初：《中国农村教育问题》,《晏阳初教育论著选》,人民教育出版社1993年版,第256页）

10

顽劣,钝滞,都足以使人没落,灭亡。童年的情形,便是将来的命运。我们的新人物,讲恋爱,讲小家庭,讲自立,讲享乐了,但很少有人为儿女提出家庭教育的问题,学校教育的问题,社会改革的问题。

🌐 (鲁迅:《上海的儿童》,引自《鲁迅的教育思想和实践》,人民教育出版社 2001 年版,第 395 页)

11

任何教育改革必须依据人的天性。人本身必须成为教育的中心。我们应切记人不是在大学才得到发展,而是自出生起其心理发展即已开始,而且在生命的最初三年中其发展最为迅速。在这一时期积极地关心儿童的发展比任何其他时期更为必要。

🌐 (蒙台梭利:《有吸收力的心理》,《蒙台梭利幼儿教育科学方法》,人民教育出版社 1993 年版,第 328 页)

12

人的教育在他出生的时候就开始了,在能够说话和听别人说话以前,他已经就受到教育了。经验是先于教育的;在他认识他的乳母的时候,他已经获得了很多的经验。

🌐 (卢梭:《爱弥儿》,商务印书馆 1978 年版,第

48页）

13

我相信——一切教育都是通过个人参与人类的社会意识而进行的。这个过程几乎是在出生时就在无意中开始了。它不断地发展个人的能力，熏染他的意识，形成他的习惯，锻炼他的思想，并激发他的感情和情绪。由于这种不知不觉的教育，个人便渐渐分享人类曾经积累下来的智慧和道德的财富。他就成为一个固有文化资本的继承者。

🌐 （杜威：《我的教育信条》，《杜威教育名篇》，教育科学出版社2006年版，第1页）

14

我们的错误往往会落在儿童的身上，并给他们带来不可磨灭的痕迹。我们终将会死去，但儿童却要承受因我们的错误而造成的后果。对儿童的任何影响都会影响到人类的发展，因为一个人的个性特征就是在他童年心灵的敏感和秘密时期形成的。

🌐 （蒙台梭利：《童年的秘密》，京华出版社2002年版，"导言"第5页）

15

一个人自幼受的训练,与一般人所受到的训练如有不同,那么后来所形成的差别便会更大,甚至可说是完全两样。

🌐 (亚里士多德:《尼各马可伦理学》,《西方伦理学名著选辑》上卷,商务印书馆 1964 年版,第 292 页)

16

一切都取决于……能把下一代造就成什么样……教育决定着未来人类的生存,教育的衰落意味着人类的衰落……塑造儿童就是塑造着未来。

🌐 (雅斯贝尔斯:《现时代的人》,社会科学文献出版社 1992 年版,第 56 页)

17

一个人从小所受的教育把他往哪里引导,就能决定他后来往哪里走。

🌐 (柏拉图:《理想国》,商务印书馆 1986 年版,第 140 页)

18

先入为主,早年接受的见解总是根深蒂固不容易更改的。因此我们要特别注意,为了培养美德,儿童们最初听到的应该是最优美高尚的故事。

🌐 (柏拉图:《理想国》,商务印书馆1986年版,第73页)

19

凡事开头最重要。特别是生物,在幼小柔嫩的阶段,最容易接受陶冶,你要把它塑造成什么型式,就能塑造成什么型式。

🌐 (柏拉图:《理想国》,商务印书馆1986年版,第71页)

20

人生小幼,精神专利,长成已后,思虑散逸,固须早教,勿失机也……幼而学者,如日出之光,老而学者,如秉烛夜行,犹贤乎瞑目而无见者也。

🌐 (颜之推:《颜氏家训·勉学》)

21

古者小学,教人以洒扫、应对、进退之节,爱亲、敬长、隆师、亲友之道,皆所以为修身、齐家、治国、平天下之本。而必使其讲而习之于幼稚之时,欲其习与知长,化与心成……

◎(朱熹:《小学书题》)

22

如果从我们的童年起我们就不虚度一日,每日学习,每日用功;如果我们聪明地把文学艺术中那些不相干的、多余的和无用的东西划掉,我们将自信地说,在我们到亚历山大的年龄之前,我们就会成为比世界上的统治者更伟大、更光荣的主人了。我们就不会像现在这样抱怨生命的短促和文学艺术的发展缓慢了。

◎(弥尔顿:《论维护学习》,《中世纪教育文选》,人民教育出版社1989年版,第590~591页)

23

每一个人的心灵有它自己的方式,必须按它的方式去指导他;必须通过它这种形式而不能通过其他的形式去教育,才能使你对他花费的苦心取得成效……如果你在不知道应该如何着手以前就开始行动，那么你就必然会盲目从事，容易做错，不得不重新来做，所以，你急于达到目的，结果反而不如慎重前进得快。

🔴（卢梭：《爱弥儿》，商务印书馆1978年版，第97～98页）

24

对于如花含苞、如草初萌的小孩子，我们应当用很好的教育方法教他，使他们关于体德智三育都从小好好儿学起，那末老大的中国，未尝不可以一变而为少年的国家。

🔴（陈鹤琴：《家庭教育》，《陈鹤琴教育文集》上卷，北京出版社1985年版，第703页）

了解儿童和理解儿童

1

要深入了解儿童，知道他们的喜怒哀乐……要了解儿童并理解儿童。只有理解了儿童，才能给他们以真正的慈母般的关怀,使他们成为幸福的人。

🌑（克鲁普斯卡雅：《对学前教材的几点意见》，《克鲁普斯卡雅教育文选》下卷，人民教育出版社1987年版，第369页）

2

对儿童的培养与成人不同,不能给他们成人化的东西,要适应他们的生理、心理特点,要做到儿童化。儿童化很重要的一点就是要合乎儿童的特点……儿童不是成人的缩影,而是有他独特的生理、心理特点的。幼儿期是身体和智力发展的极为重要时期,必须掌握其特点,掌握其生长发展的科学规律,才能把幼儿教好、养好。

🌑（陈鹤琴：《切实开展对幼儿教育的科学实验》，《陈鹤琴全集》第二卷,江苏教育出版社2008年版,第503～504页）

3

要全面研究儿童,以便学会正确地对待他们……我们之所以必须全面研究儿童,因为他们是我们要进行加工的原材料,如果我们对之不了解,那我们就不可能正确地对待我们的工作。

（克鲁普斯卡雅：《第十七次党代表会议和学前教育的任务》,《克鲁普斯卡雅教育文选》下卷,人民教育出版社1987年版,第299～300页）

4

我们不要忘记儿童的兴趣,它绝不同于成人的兴趣。我们如果想利用儿童的兴趣,就必须认识儿童。要引起儿童的兴趣,首先必须了解儿童现在的精神状态,认识儿童心理的内容;其次必须准备必要的材料。

（德可乐利：《比利时德可乐利的新教育法》,上海中华书局1932年版,第26页）

5

希望尊重孩子的力量。孩子能够做的事情,让他们自己尽量去做。对孩子总是手把手教、指手画脚,把嚼碎的饭送到嘴边喂食,长此下去,他们自己主动独立地学习是不可能的。要相信儿童有惊人的力量,要尊重他们。

（小原国芳：《自由教育论》,《小原国芳教育论著选》上卷,人民教育出版社1993年版,第398页）

6

我在我的那些处在未启蒙状态的孩子们身上还看到,活跃的天性力量正处处显现出来。我知道,艰难和生活需求如何有效地使人们在观察中得以认识事物间最本质的关系,发展健康的聪明才智。艰难和生活需求激发人的内在力量,尽管这种力量在贫困的、无人管教的这些孩子身上好似被遮盖了起来。然而,一旦人们将他们身上的污泥洗净,这种力量就会闪烁出灿烂的光辉。

🌐 (裴斯泰洛齐:《斯坦斯通信》,《裴斯泰洛齐选集》第一卷,教育科学出版社 1994 年版,第 311~312 页)

7

儿童是哲学家……他们是真理的热爱者,疑问丛生,一个接一个,就像连珠炮。其中有异常宝贵的东西在闪耀,有无数神秘的萌芽。然而,这些却被麻痹的、平庸的、愚蠢的大人即教师所践踏、压抑。

🌐 (小原国芳:《道德教学革新论》,《小原国芳教育论著选》下卷,人民教育出版社 1993 年版,第 179 页)

8

凡动物较高等的，对于幼雏，除了养育保护以外，往往还教他们生存上必需的本领……人类更高几等，便也有愿意子孙更进一层的天性……只要思想未遭锢蔽的人，谁也喜欢子女比自己更强，更健康，更聪明高尚——更幸福；就是超越了自己，超越了过去。

（鲁迅：《我们现在怎样做父亲》，引自《鲁迅的教育思想和实践》，人民教育出版社 2001 年版，第 272 页）

9

人类通过努力而获得独立。所谓独立，就是不需别人的帮助而能独自做某事。儿童一旦获得了独立，就能迅速取得进步。否则，其进步就会十分缓慢。领悟了这些道理，我们就会明白该怎样对待并有效地管理儿童……儿童自己的行动可引导他走向独立之路。

（蒙台梭利：《有吸收力的心理》，《蒙台梭利幼儿教育科学方法》，人民教育出版社 1993 年版，第 462 页）

10

一件重要的事情……让孩子独自去做……

因此,当孩子在学习看和听的时候,以及之后相当长的时间内,都要让孩子独自去做。

（霍尔:《儿童的心理发展》,引自《现代教育的起源和发展》,北京语言学院出版社 1992 年版,第 225 页）

11

在影响儿童时,要尽量别挫伤儿童的首创精神;恰恰相反,我们要千方百计地发扬这种首创精神,并且要巩固儿童自发地掌握的学习方法。

（克鲁普斯卡雅:《第十七次党代表会议和学前教育的任务》,《克鲁普斯卡雅教育文选》下卷,人民教育出版社 1987 年版,第 300 页）

12

积极的鼓励比消极的刺激来得好,但是鼓励法也不可用得太滥,一滥恐失其效用;刺激法若使用得当,也是很好的,不过只可偶一为之而已。

（陈鹤琴:《家庭教育》,《陈鹤琴教育文集》上卷,北京出版社 1985 年版,第 613 页）

13

为了成人生活的造诣,而不管儿童的能力和

需要,是一种自杀的政策……尊重儿童时期,就是尊重生长的需要和时机。

🌐 (杜威:《明日之学校》,《杜威教育名篇》,教育科学出版社2006年版,第105～106页)

14

判断兴趣好坏的标准总是看是否使儿童卓有成效地成长。练习某一兴趣而无助于成长是放纵。为了最有利于成长,应具备三个条件:经久不衰的兴趣;来自环境的需要调动内部最大努力的挑战;最终的成功。

🌐 (克伯屈:《教学方法原理》,人民教育出版社1991年版,第136页)

15

我们要解放小孩子的空间,让他们去接触大自然中的花草、树木、青山、绿水、日月、星辰以及大社会中之士、农、工、商,三教九流,自由地对宇宙发问,与万物为友,并且向中外古今三百六十行学习。

🌐 (陶行知:《创造的儿童教育》,《陶行知教育文选》,教育科学出版社1981年版,第308页)

16

经验告诉我们,娇生惯养的孩子比其他孩子死的还多一些。只要我们不使他们做超过其能力的事情,则使用他们的体力同爱惜他们的体力相比,其危害还是要小一些。因此……锻炼他们的体格,使他能够忍受酷烈的季节、气候和风雨,能够忍受饥渴和疲劳……

（卢梭:《爱弥儿》,商务印书馆 1978 年版,第23~24 页）

17

有些人是过分严格,有些人是过分放任,这两种情况同样是要避免的。如果你放任孩子不管,就会使他们的健康和生命遭到危险,使他们在眼前受到许多苦楚;但是,如果你过分关心,一点苦都不让他们受,就会使他们在将来遭到更大的苦难。

（卢梭:《爱弥儿》,商务印书馆 1978 年版,第85 页）

18

知识之为悟性所喜悦,正与光线之为眼睛所

喜悦是一样的;儿童极端喜欢知识,尤其是当知道自己的问题得到别人的注意,他们的求知的欲望受到了人家的鼓励与赞扬的时候更是如此。

🔘(洛克:《教育漫话》,教育科学出版社1999年版,第102页)

19

与其他任何生物一样,孩子擅长真正属于他本性的活动……因此,要按大自然的规律办事,在学校中消除过重的劳累现象,要尽量使学习能够自由和愉快。

🔘(伊拉斯谟:《一个基督教王子的教育》,引自《现代教育的起源和发展》,北京语言学院出版社1992年版,第45页)

20

孩子是可以敬服的,他常常想到星月以上的境界,想到地面下的情形,想到花卉的用处,想到昆虫的语言;他想飞上天空,他想潜入蚁穴……所以给儿童看的图书就必须十分慎重,做起来也十分烦难。

🔘(鲁迅:《看图识字》,引自《鲁迅的教育思想和实践》,人民教育出版社2001年版,第415页)

21

孩子的世界,与成人截然不同;倘不先行理解,一味蛮做,便大碍于孩子的发达。

（鲁迅:《我们现在怎样做父亲》,引自《鲁迅的教育思想和实践》,人民教育出版社 2001 年版,第 273页）

22

学习是主动的,它包含着心理的积极开展。它包括着从心理内部开始的有机体的同化作用。毫不夸张地说,我们必须站在儿童的立场上,并且以儿童为自己的出发点。

（杜威:《儿童与课程》,《杜威教育名篇》,教育科学出版社 2006 年版,第 67 页）

23

大自然希望儿童在成人以前就要像儿童的样子。如果我们打乱了这个次序,我们就会造成一些早熟的果实,它们长得不丰满也不甜美,而且很快就会腐烂;我们将造成一些年纪轻轻的博士和老态龙钟的儿童。儿童是有他特有的看法、想法和感情的;如果想用我们的看法、想法和感情去代替他们的看法、想法和感情,那简直是最愚蠢的事情……

🔵（卢梭：《爱弥儿》,商务印书馆1978年版,第91页）

24

在孩童的能力最初外化的时期,就产生了模仿的欲望。学习说话及初次哼哼唧唧地模仿唱歌,都基于这种模仿的欲望……孩子的这种模仿愿望是天生的,不应该被忽视。这种模仿愿望像其他天赋一样,也具有发展能力。

🔵（裴斯泰洛齐：《母子篇——致友人格瑞弗斯信札》,《裴斯泰洛齐选集》第二卷,教育科学出版社1996年版,第271页）

探索儿童的心理

1

教育必须从心理学上探索儿童的能量、兴趣

和习惯开始。它的每个方面都必须参照这些考虑加以掌握。

🌐 (杜威:《我的教育信条》,《杜威教育名篇》,教育科学出版社 2006 年版,第 3 页)

2

儿童是一个谜……正在实体化的儿童是一个精神胚胎,他需要自己的特殊环境。正如一个肉体的胚胎需要母亲的子宫并在那里得到发育一样,精神的胚胎也需要在一个充满着爱的温暖和有着丰富营养的环境里得到发展,那里的一切东西都不会伤害它。

🌐 (蒙台梭利:《童年的秘密》,京华出版社 2002 年版,第 39～40 页)

3

在人的内部存在着一种向一定方向成长的趋势或需要,这个方向一般地可以概括为自我实现,或心理的健康成长。

🌐 (马斯洛:《存在心理学探索》,云南人民出版社 1987 年,第 139 页)

4

孩子具有人的自然天性的一切资质,只是还没有得到发展而已。如同未绽开的蓓蕾,蓓蕾一旦绽开,所有的花瓣都会舒展开来,人的教育亦如此。对人的天生资质必须仔细观察,只有调动这些天生资质才能确保成功。

（裴斯泰洛齐：《母子篇——致友人格瑞弗斯信札》,《裴斯泰洛齐选集》第二卷,教育科学出版社1996年版,第232页）

5

在我们培养孩子们的努力中,外表行动是刺激其内部心灵发展的手段,而内部心灵发展又会通过外表行动表现出来。这两种因素相互促进,共同发展。工作使孩子们的心灵得到发展,而心灵充分发展又会促使其工作得更好;工作进步又使孩子们感到愉快——于是他们的心灵又进一步得到发展。

（蒙台梭利：《蒙台梭利方法》,《蒙台梭利幼儿教育科学方法》,人民教育出版社1993年版,第297页）

6

我们研究儿童心理和学习心理,应该从社会

矛盾中加以分析。教育的效能与教育的发展的制约，不能单纯地从教育本身来解决，应科学地来解决。其解决方法，当与整个社会制度问题配合着。我们的研究重心，不是放在抽象的儿童身上，而是放在一定社会制度下的儿童身上。

（徐特立：《教育讲座》，《徐特立教育文集》，人民教育出版社 1986 年版，第 202 页）

7

总起来说，小孩子①好游嬉的；②好奇的；③好群的；④好模仿的；⑤喜欢野外生活的；⑥喜欢成功的；⑦喜欢别人赞许他的……我们教小孩子必须先要了解小孩子的心理。若能依据小孩子的心理而施行教育，那教育必有良好效果的。

（陈鹤琴：《家庭教育》，《陈鹤琴教育文集》上卷，北京出版社 1985 年版，第 601 页）

8

知识如果不合于这个或那个孩子的心灵，它就是不合适的。因为人心的不同和植物、树木或动物之各不相同一样大；这个必须这样去对付，那个又必须那样去对付，同样的方法是不能够用在所有的人身上的。

🌐（夸美纽斯：《大教学论》，人民教育出版社1984年版，第153页）

9

早熟的才智鲜有能结好果者。所谓早熟，是指这样一些学生：他们刚刚开始学习就被厚颜无耻所驱使，自负而迫不及待地要显露一下自己。但是他们用来显露身手的，也不过就是刚刚学到的一点东西……这里没有根基深厚而牢固的内在力量，它们不过像撒在土地表面而未熟即萌芽的种子，又像似稻而实非稻的杂草，收获季节未到就早已枯黄结了空实。

🌐（昆体良：《雄辩术原理》，《昆体良教育论著选》，人民教育出版社1989年版，第26页）

10

天性常常是稳而不露的，有时可以压伏，而很少能完全熄灭的……个人的天性不长成药草，就长成莠草，所以他应当及时灌溉前者而芟除后者。

🌐（培根：《培根论说文集》，商务印书馆1963年版，第143页）

发展儿童的个性

1

我们的职责是：全面地发展每一个学生的个性，发现他的禀赋，形成对艺术创作的才能，以便使他享有一种多方面的完满的精神生活。

（苏霍姆林斯基：《给教师的建议》下，教育科学出版社1981年版，第120页）

2

教育的最高目标就是激发主动性，培养独立性。从广义上讲，这就是一切教育的最终目的。

（第斯多惠：《德国教师培养指南》，人民教育出版社1990年版，第85页）

3

教者顺其性之所近，以深造之，各如其量而可矣。

（王夫之：《四书训义》卷十）

4

适应自然这个原则是一切教育的最高原则。在教育中我们是同人打交道,是教育人的问题。因此,我肯定地说:在人的教育中,一般地说,一切都取决于不违反人的本性;个别地说,一切都应当适应每个人的个别特征。

● (第斯多惠:《第斯多惠教育论著选》,1956年俄文版,第221页)

5

一个学校的学习和训练,虽然必须代表当局认为具有重大价值的文化的和道德的传统,但是它们还应该留有充分余地,以便个性得以自由发展。需要由各种各样的人来构成一个世界,每个人愈能发展自己的特长,这个世界就愈丰富。

● (沛西·能:《教育原理》,人民教育出版社1992年版,第9页)

6

只要每个人在恰当的时候干适合他性格的工作,放弃其他的事情,专搞一行,这样就会使每种东西都产生又多又好。

🌑 （柏拉图：《理想国》，商务印书馆 1986 年版，第60 页）

7

因而知教育者，与其守成法，毋宁尚自然；与其求划一，毋宁展个性。

🌑 （蔡元培：《新教育与旧教育之歧点》，《蔡元培教育文选》，人民教育出版社 1980 年版，第 49 页）

8

我们所假定的哲学家的天赋，如果得到了合适的教导，必定会成长而达到完全的至善。但是，如果他像一株植物，不是在所需要的环境中被播种培养，就会长成一个完全相反的东西……

🌑 （柏拉图：《理想国》，商务印书馆 1986 年版，第240 页）

9

只有在一个有利于个性的教育环境中，才能指望个性的全面发展。

🌑 （沛西·能：《教育原理》，人民教育出版社

1964年版，第296页）

10

孩子年轻的时候，他们天性的征兆是那么不固定……有些人由于缺乏先见之明，不善于指引他们的道路，往往花费很多时间和孩子谈他们天性所不喜欢的东西，而毫无结果。

◉（蒙田：《论儿童的教育》，《中世纪教育文选》，人民教育出版社1989年版，第416页）

11

大抵童子之情，乐嬉游而惮拘检，如草木之始萌芽，舒畅之则利达，摧扰之则衰痿。今教童子，必使其趋向鼓舞，心中喜悦，则其进自不能已。譬之时雨春风，沾被卉木，莫不萌动发越，自然日长月化；若冰霜剥落，则生意萧索，日就枯槁矣。

◉（王守仁：《王文成全书》卷二）

12

新教育……深知儿童身心发达之程序，而择种种适当之方法以助之。如农学家之于植物焉，干则灌溉之，弱则支持之，畏寒则置之温室，需食

则资以肥料,好光则复以有色之玻璃;其间种类
之别,多寡之量,皆几经实验之结果,而后选定之;
且随时试验,随时改良,决不敢挟成见以从事焉。

🌐 (蔡元培:《新教育与旧教育之歧点》,《蔡元培
教育文选》,人民教育出版社 1980 年版,第 48～49 页)

13

既要发挥各自方面的才能,又要充分发挥
各自的特色。我认为这才是教育最应崇尚的
东西。

🌐 (小原国芳:《母亲教育学》,《小原国芳教育论
著选》下卷,人民教育出版社 1993 年版,第 241 页)

14

个性和古怪决非同一件事。教师们并不要
求特意去制造个性,只要求让它从每个儿童的天
性材料中不受阻碍地发展起来,由这个天性可能
包含的任何强壮的或柔弱的力量形成起来。

🌐 (沛西·能:《教育原理》,人民教育出版社
1992 年版,第 12 页)

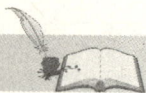

尊重儿童的人格

1

儿童不是"小人",儿童的心理与成人的心理不同样,儿童的时期不仅作为成人之预备,亦有他的本身的价值,我们应当尊重儿童的人格,爱护他的烂漫天真。

（陈鹤琴：《儿童心理及教育儿童之方法》,《陈鹤琴教育文集》上卷,北京出版社1985年版,第8页）

2

要使孩子们保持他们的天真。只有一个良好的办法,那就是：所有他周围的人都要尊重和爱护他们的天真。不这样做,则我们对他们所采取的一切控制办法迟早是要同我们预期的目的产生相反的效果的……

（卢梭：《爱弥儿》,商务印书馆1978年版,第296页）

3

真正的学校应该是这样的学校：把孩子当作孩子来尊重，使他们在身体方面、精神方面都得到发展，具有将来能够作为一个真正的大人、作为一个真正的人生存下去的素质。

（小原国芳：《母亲教育学》，《小原国芳教育论著选》下卷，人民教育出版社1993年版，第316页）

4

整个儿童时期就是在忘却自己昨天还是儿童中逝去的……儿童最大的愿望，莫过于尽早不做儿童。

（阿兰：《教育漫谈》，《世界教育名著通览》，湖北教育出版社1994年版，第1184页）

5

在万物的秩序中，人类有它的地位；在人生的秩序中，童年有它的地位：应当把成人看作成人，把孩子看作孩子。

（卢梭：《爱弥儿》，商务印书馆1978年版，第74页）

6

没有兴趣，就不会有进步。快乐是唤起活生生的有机体去适应自我发展的天然方法……痛苦无疑只是唤起有机体活动的一个次要手段，仅仅在快乐减退的时候才出现。快乐是生命冲动正常而健康的刺激力量。

　　◉（怀特海：《教育的目的》，1962年英文版，第55页）

7

不要养成儿童自卑的态度，不要养成儿童自大的习气，不要利用惧怕来压迫儿童……而要随时使儿童快乐。

　　◉（陈鹤琴：《心理与心理卫生》，《儿童教育》第四卷第十期，1932年）

8

蒙养之道通于圣功，苟非其心之乐为，强之而不能以终日。

　　◉（王夫之：《张子正蒙注》卷三）

9

要爱护儿童,帮他们做游戏,使他们快乐,培养他们可爱的本能。你们当中,谁不时刻依恋那始终是喜笑颜开、心情恬静的童年? 你们为什么不让天真烂漫的儿童享受那稍纵即逝的时光,为什么要剥夺他们绝不会糟蹋的极其珍贵的财富? 他们一生的最初几年,也好像你们一生的最初几年一样,是一去不复返的,你们为什么要使那转眼即逝的岁月充满悲伤和痛苦呢?

● (卢梭:《爱弥儿》,商务印书馆 1978 年版,第72~73 页)

10

要避免一切不必要的压制,这样的强制可能使儿童无所适从,可能抑制他们的情绪,毁灭他们的乐趣;同时这还可能毁灭他们今后对童年的美好回忆,乃至对教育者的真诚的谢意,而这将是他们对教育者唯一真诚的感谢!

● (赫尔巴特:《普通教育学》,《普通教育学·教育学讲授纲要》,人民教育出版社 1989 年版,第 34 页)

11

过去人们不懂得训练本能，所以被迫诉诸压制……现在知道压制是一个坏的方法，因为它从未真正成功过，而且因为它会造成心理失常。

（罗素：《教育和美好的生活》，《西方现代教育论著选》，人民教育出版社2001年版，第111页）

12

教师在教育上的英明就是要让儿童任何时候都不失掉信心，都不使他感到什么都不好。

（苏霍姆林斯基：《把整个心灵献给孩子》，天津人民出版社1981年版，第91页）

13

我看你的爹爹，人是好的，不过记性差一点。他自己小的时候，一定也是不喜欢关在黑屋子里的，不过后来忘记那时的苦痛了，却来关自己的孩子……我希望你们有记性，将来上了年纪，不要再随便打孩子。不过孩子也会有错处的，要好好地对他说。

（鲁迅：《致颜黎民》，引自《鲁迅的教育思想和实践》，人民教育出版社2001年版，第472页）

14

教育绝非单纯的文化传递。教育之为教育，正在于它是对人格心灵的"唤醒"。这是教育的核心所在。

🌐 （引自斯普朗格，汉斯·舒维尔：《教育学经典作家》第二卷，1979年德文版，第263页）

及早养成儿童的习惯

1

教育如能充分地认清习惯和熟巧的重要性，并且把自己的大厦建筑在习惯和熟巧之上，那么它就能把这座大厦建筑得很牢固。

🌐 （乌申斯基：《论习惯的培养》，《乌申斯基教育文选》，人民教育出版社1991年版，第166页）

2

从小就养成这样还是那样的习惯不是件小

事情;恰恰相反,它非常重要,比一切都重要。

🌐(亚里士多德:《尼各马可伦理学》,商务印书馆2003年版,第26页)

3

一个人假使养成了一种良好习惯的话,他将得到很多的益处,一生受用不尽。假使习惯不好的话,那么,将使他一生蒙受害处……

🌐(陈鹤琴:《怎样做父母》,《陈鹤琴全集》第二卷,江苏教育出版社2008年版,第681页)

4

应该利用一切机会,甚至在可能的时候创造机会,给他们一种不可缺少的练习……这就可以使他们养成一种习惯,这种习惯一旦培养成功之后,便用不着借助记忆,很容易地很自然地就能发生作用了。

🌐(洛克:《教育漫话》,教育科学出版社1999年版,第37页)

5

教育者不仅常常有必要使一些习惯牢固地

扎下根来,而且也常常有必要去根除一些已经形成的习惯。后者比前者更困难,因此它需要更加周密的思考,也需要更大的耐心。

(乌申斯基:《论习惯的培养》,《乌申斯基教育文选》,人民教育出版社 1991 年版,第 172 页)

6

儿童获得习惯的速度是惊人的,而且所获得的每一种不良习惯都会成为以后形成良好习惯的障碍……如果最初形成的习惯是好的,就可以免去以后的许多麻烦;更重要的是,最初获得的习惯对以后的生活来说,具有与本能类似的作用。

(罗素:《教育论》,1928 年英文版,第 70～71页)

7

凡在儿童身上可能培养的习惯,都应及早开始,然后渐渐加强这些训练。

(亚里士多德:《政治学》,商务印书馆 1965 年版,第 402 页)

8

如果没有习惯的保证,天性的力量和语言的

华饰都是不可靠的……既然习惯是人生的主宰，但愿人们能尽可能培养起良好的习惯。无疑，幼儿时开始的习惯是最完善的，我们称之为教育。教育其实是一种早期的习惯。

🌐（培根：《论习惯与教育》，《培根论人生》，中央编译出版社2009年版，第177～178页）

9

为了使习惯牢固地建立起来，就需要时间，就像播种在田里的种子的生长需要时间一样，因而如果教育者急于牢固地建立起习惯和熟巧，他就可能反而使它们完全建立不起来。

🌐（乌申斯基：《论习惯的培养》，《乌申斯基教育文选》，人民教育出版社1991年版，第169页）

10

有三种东西能使人善良而有德行，那就是天性、习惯和理性……由于天性、习惯和理性不能经常统一，这就必须使它互相调和。

🌐（亚里士多德：《政治学》，《古希腊教育论著选》，人民教育出版社1994年版，第286页）

11

要求重视儿童的精神的形成,而且应该及早形成,那是可以影响他们日后一生一世的生活的。

🌐(洛克:《教育漫话》,教育科学出版社 1999 年版,第 19 页)

12

你要使行为变成习惯,你必定要在学生的心境中引起热烈的情绪,战胜那种行为所遇的困难。就以日行一善来说,要一个小孩子从利己转移到利人的思想,那是在他的生活中一件最大困难的事。

🌐(陈鹤琴:《儿童训育应该怎样实施的》,《陈鹤琴全集》第四卷,江苏教育出版社 2008 年版,第 126 页)

13

与说服教育相结合,正确进行行为训练对文明行为习惯的养成有着良好的影响。

🌐(苏霍姆林斯基:《行为训练是自觉纪律教育的一种方法》,《苏霍姆林斯基选集》第五卷,教育科学出版社 2001 年版,第 14 页)

14

许多事情他都应该信托他自己的行动去应付，因为他不能永远受人监护，只有你给他的良好原则与牢固习惯，才是最好的，最可靠的，所以也是最应该注重的。因为一切告诫与规则，无论如何反复叮咛，除非实行成了习惯，全是不中用的。

🌐（洛克：《教育漫话》，教育科学出版社1999年版，第7页）

15

良好的习惯乃是人在其神经系统中所存放的道德资本；这个资本不断地在增值，而人在其整个一生中就享受着它的利益……如果良好的习惯是一种道德资本，那么，在同样的程度上，坏习惯就是道德上的无法偿还的债务了。这种债务能够用不断增长的利息去折磨人，去麻痹他的最好的创举，并使他达到道德破产的地步。

🌐（乌申斯基：《人是教育的对象》，科学出版社1959年版，第155～156页）

儿童喜欢活动和游戏

1

那些天真烂漫、活泼而健康的孩子是怎样活动的呢？他们玩是为什么？玩是为了玩。孩子跑跑跳跳、扭打着玩耍、爬高、游泳——这都是为了什么？都是因为孩子喜欢这些活动。这是天经地义的事。

（第斯多惠：《德国教师培养指南》，人民教育出版社 1990 年版，第 178 页）

2

给儿童提供独立活动的机会，是培养意志的必要条件，而意志在人的一生中起着重大的作用。如果一个教师老是牵着学生走路，那他就是不懂得意志力形成的条件和源泉。

（赞可夫：《和教师的谈话》，教育科学出版社 1980 年版，第 25 页）

3

假如你们希望以后在适当的时候你们的孩子能够帮助你们的话,那么就要及早地在他们身上培养活动的本能,特别是在目前少年期培养他们的塑造冲动,即使需要你们作出一些克制和牺牲,也在所不惜……犹如从肥沃的土地上获得良好的收成一样,以后将会得到许许多多的、甚至上百倍的报答。

🌐 (福禄培尔:《人的教育》,人民教育出版社1991年版,第65页)

4

儿童秉性好动,我们不要仍旧用消极的老办法,来剥夺他的活泼天性,必须予以适当的环境,能使他充分地发展。

🌐 (陈鹤琴:《儿童心理及教育之方法》,《陈鹤琴教育文集》上卷,北京出版社1985年版,第8页)

5

男孩子们总是爱好做事的,因为他们那旺盛的血液是不许他们静止的。既然这是极为有利的,那就应该不加限制,但是必须有所准备,好让他们有事可做。

🌑 (夸美纽斯:《母育学校》,《夸美纽斯教育论著选》,人民教育出版社 1990 年版,第 42 页)

6

儿童喜欢忙忙碌碌,对儿童的这种爱好,永远应该加以指导,使他们去做有益于他们自己的事情。

🌑 (洛克:《教育漫话》,教育科学出版社 1999 年版,第 175 页)

7

很快孩子的小手起到了越来越重要的作用,孩子的手开始了早期的活动,开始伸手去抓玩具,手的活动逐步按阶段发展起来,手的活动有多丰富和无穷尽!手是工具,手会干出多少事!手的活动不仅仅与一切生活习惯,与舒适的生活联系在一起,手说不定在哪一天还会创造出震惊世界的艺术杰作。手会用文字记录下思想灵感,传给后世,使后代惊叹不已。小手的第一次活动就为孩子某种有培养前途的天资开拓了无限的活动天地。

🌑 (裴斯泰洛齐:《母子篇——致友人格瑞弗斯信札》,《裴斯泰洛齐选集》第二卷,教育科学出版社 1996 年版,第 233 页)

8

多给孩子们以真正的自由,少让他们养成驾驭他人的思想,让他们自己多动手,少要别人替他们做事。

🌑 (卢梭:《爱弥儿》,商务印书馆 1978 年版,第 59 页)

9

儿童有行使自由意志的能力。教育上最大的一个问题是把如何运用这种能力同如何给予这种能力以必要的限制结合起来。

🌑 (康德:《康德论教育》,商务印书馆 1930 年版,第 20 页)

10

应该让孩子时时刻刻与人生的实际经验相接触;玫瑰花要让他玩,刺不要摘去。然而,这是今天的儿童教育中最忽视的一点,因此,虽有"很合理"的方法,却常常传来失败的消息。

🌑 (爱伦·凯:《儿童的世纪》,1972 年英文版,第 133 页)

11

由柏拉图率先提出、福禄培尔继之再度提倡
的学说,都认为游戏是儿童幼年期主要的、几乎
是唯一的教育方式,这并不是故弄玄虚或神秘的
主张。

（杜威:《我们怎样思维》,《我们怎样思维·经
验与教育》,人民教育出版社 1991 年版,第 173～174
页）

12

各种游戏是整个未来生活的胚芽,因为整个
人的最纯洁的素质和最内在的思想就是在游戏
中得到发展和表现的。

（福禄培尔:《人的教育》,人民教育出版社
2001 年版,第 39 页）

13

儿童非常爱好游戏,也应当满足这种爱好。不
仅仅应当给儿童游戏的时间,而且应当使儿童的全
部生活充满游戏。儿童的全部生活,也就是游戏。

（马卡连柯:《关于我的经验》,《马卡连柯教育
文集》上卷,人民教育出版社 1985 年版,第 152 页）

14

热爱游戏是幼小动物——不论是人类还是其他动物——最显著的、易于识别的特征。对于儿童来说,这种爱好是与通过装扮而带来的无穷乐趣形影相随的。

（罗素:《罗素论教育》,人民教育出版社 2009年版,第 81 页）

15

游戏在儿童生活中具有极重要的意义,具有与成人的活动、工作和服务同样重要的意义。儿童在游戏中怎么样,当他长大的时候,他在工作中也多半如此。因此,未来活动家的教育,首先要在游戏中开始。

（马卡连柯:《儿童教育讲座》,《马卡连柯教育文集》下卷,人民教育出版社 1985 年版,第 159 页）

16

孩子从早到晚所做的游戏,在不理解孩子的大人的眼里,似乎没有任何意义,而实际上其中包含着十分宝贵的意义。本来玩耍就是孩子的

生命。家长经常责备孩子"贪玩"啦,"淘气"啦,然
而挖土、追狗、爬树、戏水、掘沙子、弄破纸窗、打碎
杯子、削木块、投石子……这当中不正蕴藏着可
贵的理科教育、数学教育和艺术教育吗?

  🌐 (小原国芳:《母亲教育学》,《小原国芳教育论
著选》下卷,人民教育出版社 1993 年版,第 262 页)

17

  游戏是儿童最正当的行为,玩具是儿童的
天使。

  🌐 (鲁迅:《风筝》,引自《鲁迅的教育思想和实
践》,人民教育出版社 2001 年版,第 286 页)

18

  游戏的场所是儿童的生活实验室,它为年轻
的生命提供了美好的特征和气氛。没有了这种
特征和气氛,生命的这一时期对于人类来说将是
毫无益处的。

  🌐 (沙茨基:《沙茨基教育论著选》第二卷,1964
年俄文版,第 22 页)

第三编

造就有创造力的人

激励学生热爱真理和探求真理

1

他有一个能包罗万象的心胸，其所以这样，不是由于他有知识，而是由于他有获得知识的能力；他心思开朗，头脑聪敏，能够随机应变……我的目的不是教给他各种各样的知识，而是教他怎样在需要的时候取得知识，是教他正确地估计知识的价值，是教他爱真理胜于一切。

🔘（卢梭：《爱弥儿》，商务印书馆 1978 年版，第283 页）

2

我们要极力的锻炼学生，使他们得到观察，知疑，假设，试验，实证，推想，会通，分析，正确种种能力和态度，去探求真理的泉源。

🔘（陶行知：《南京安徽公学办学旨趣》，《陶行知教育文集》，江苏教育出版社 1991 年版，第 61 页）

3

是,则一二人之见,不可易也;非,则千万人所同,不随声也。岂惟千万人,虽千百年同迷之局,我辈亦当以先觉觉后觉,不必附和雷同也。

🌐 (颜元:《习斋言行录》卷上)

4

在真理与友谊两者俱为我所亲的情形下,为了保卫真理,我们宁取真理。这乃是神圣的义务。

🌐 (亚里士多德:《尼各马可伦理学》,引自《西方伦理学名著选辑》上卷,商务印书馆1964年版,第283~284页)

5

知之为知之,不知为不知,是知也。

🌐 (孔子:《论语·为政》)

6

我们把别人的学问和见解保存下来,便算完事了吗? 我们必须把它们变为自己的。准确地说,我们像一个需要火的人到邻家取火,但在那里看见一堆熊熊的火焰，便留下来取暖，忘记了带回家去。

🌐（蒙田：《论教育》，《蒙田随笔》，湖南人民出版社 1987 年版，第 145 页）

训练学生去发现问题和解决问题

1

如果我们要展望对学校来说什么是特别重要的问题，我们就得问怎样训练几代儿童去发现问题，去寻找问题。

🌐（布鲁纳：《教育的适合性》，《布鲁纳教育论著选》，人民教育出版社 1989 年版，第 371 页）

2

儿童的世界，是儿童自己去探讨，去发现的。他自己所求来的知识，才是真知识，他自己所发现的世界，才是他的真世界。

🌐（陈鹤琴：《活教育的教学原则》，《陈鹤琴教育文集》下卷，北京出版社 1985 年版，第 658 页）

3

用于探究的效能最高的工具之一是对照……我们相信，通过引导儿童探索对照物，儿童就更加可能按照一种方式去组织他的知识，这种方式可以帮助他在需要发现的特定环境中有所发现。

🌐（布鲁纳：《教育的适合性》，《布鲁纳教育论著选》，人民教育出版社1989年版，第350页）

4

激励儿童去解决问题。我们在这里面临的首要任务之一，是激发和支持孩子们的兴趣，并且引导他们进行解决问题的活动。同时还有一项特殊的目标有待实现——教给孩子们分析因素的方法，让他们具有这种综合技能，用一种可以理解的形式来解决问题。

🌐（布鲁纳：《教学论探讨》，《布鲁纳教育论著选》，人民教育出版社1989年版，第148页）

5

为什么一个人预期的目标常常达不到呢？

这是因为他没有针对他预定的目标采用相应的手段。他的路子错了，可是他骄傲固执，硬不回过头去走正确的道路。

（卢梭：《一个胸襟开阔的人的思想和一个有道德的人的心中的想法》，《卢梭散文选》，百花文艺出版社1995年版，第215页）

6

如果你所追求的只是那种表面的、显而易见的刺激，以引起学生对学习和上课的兴趣，那你就永远不能培养起学生对脑力劳动的真正的热爱。你应当努力使学生自己去发现兴趣的源泉，让他们在这个发现过程中体验到自己的劳动和成就——这件事本身就是兴趣的最重要的源泉之一。

（苏霍姆林斯基：《给教师的建议》上，教育科学出版社1980年版，第56页）

7

教育的最大秘诀是：使身体锻炼和思想锻炼互相调剂……我们在开头锻炼了他的身体和感官之后，又锻炼了他的思想和判断的能力。这样，我们就能使他把四肢的运用和智力的运用结合起来……

　　🌑（卢梭：《爱弥儿》，商务印书馆 1978 年版，第
274～275 页）

8

　　寻求能激发儿童最大的兴趣与能力的活动。
总之，通过这一切寻求使儿童对生活的道德方面
越来越敏感，抓住每一时机，在儿童身上确立起
对集体价值的责任感。

　　🌑（克伯屈：《教学方法原理》，人民教育出版社
1991 年版，第 299 页）

9

　　摧残天赋优异而具创造力的年轻人，比鼓励
他们开花结果容易得多！正因为我们对他们探
求的奇异现象所知太少，对于家长和教师们，最
重要的就是"请别伤害他们！"

　　🌑（加德纳：《多元智能》，新华出版社 2003 年版，
第 65 页）

10

　　手使脑得到发展，使之更明智；脑使手得到

发展,使手成为从事创造活动的聪明工具,成为思维的工具和镜子。

🌐 (苏霍姆林斯基:《给教师的一百条建议》,天津人民出版社 1981 年版,第 116 页)

11

童年时代要经常表现出勇敢、有创造力,以创造为乐……我真正希望年轻的学生能表现出丰富的创造性。

🌐 (昆体良:《昆体良论教育》,1938 年英文版,第 81~82 页)

使学生学会思维

1

学习就是要学会思维……就教育的理智方面而言,是同培养反省思维的态度紧密相关的……教育在理智方面的任务是形成清醒的、细心的、透彻的思维习惯。

🌐 (杜威:《我们怎样思维》,《我们怎样思维·经

验与教育》,人民教育出版社1991年版,第64~65页)

2

人的教育不能只是简单地、机械地接受训练,最重要的是要使儿童学会思考。

（康德:《康德论教育》,1971年英文版,第75页）

3

语言不是与思想脱离的东西,恰恰相反——它是思想的有机产物,它源自思想,由思想中得到源源不断的发展,因此,谁想要发展学生的语言能力,谁就首先应该发展学生的思维能力。

（乌申斯基:《〈儿童世界〉初版前言》,《乌申斯基教育文选》,人民教育出版社1991年版,第337页）

4

要让孩子学会思考天上的灿烂光辉,地上的丰硕收成,隐蔽的河流源泉,奔腾入海的奇观,浩瀚无边的大海,数不尽的生物家族;学会思考所有造就出来以服务于人类需要的东西。

（伊拉斯谟:《一个基督教王子的教育》,引自

《现代教育的起源和发展》，北京语言学院出版社 1992
年版，第 45 页）

5

思维就像一棵花，它是逐渐地积累生命的汁
液。只要我们用这种汁液灌溉它的根，让它受到
阳光的照射，它的花朵就会绽开。让我们教会儿
童思考，在他们面前展开思维的最初的源泉——
周围世界吧。让我们把人类最大的欢乐——认
识的欢乐给予儿童吧！

　（苏霍姆林斯基：《给教师的建议》下，教育科学
出版社 1981 年版，第 196 页）

6

什么是教育？教育就是帮助学生学会自己
思考，作出独立的判断，并作为一个负责的公民
参加工作。

　（赫钦斯：《教育中的冲突》，《西方现代教育论
著选》，人民教育出版社 2001 年版，第 219 页）

7

只强调给学生丰富的知识，不问目的，不讲

效果,弄得学生负担很重,不能掌握以简驭繁的基本原理,不能发挥独立思考的作用,这样的做法我们也是应该反对的。

（徐特立：《解答关于教育方针的几个问题》,《徐特立教育文集》,人民教育出版社1986年版,第284页）

8

为了使一个青年能够成为明智的人,就必须培养他有他自己的看法,而不能硬是要他采取我们的看法。

（卢梭：《爱弥儿》,商务印书馆1978年版,第249页）

9

思维开始于可称之为模棱两可的交叉路口的状态,它于进退两难中任选其中之一……问题的性质决定思维的目的,而思维的目的则控制思维的过程。简要地说,思维起源于某种疑惑、迷乱或怀疑。

（杜威：《我们怎样思维》,《我们怎样思维·经验与教育》,人民教育出版社1991年版,第10～11页）

10

教育不能复制学生于毕业后所需的经验,它应当使学生自己致力于培养思维的正确性,作为达到实际的智慧即理智的行为的一种手段。

　　●(赫钦斯:《普通教育》,《西方现代教育论著选》,人民教育出版社 2001 年版,第 206～207 页)

11

即使我们在别的什么事情上都没有做到,也一定要想方设法做到使儿童重视培养自己的思考能力,有提出适当问题的能力,从而使他们逐步学会作一些有意义、有根据的猜想……让儿童使用心智力量,而不仅仅是去死记一些东西。

　　●(布鲁纳:《教学论探讨》,《布鲁纳教育论选》,人民教育出版社 1989 年版,第 187 页)

12

愚蠢的人无论说话或做事,都是不动脑筋思考的……愚蠢的人往往说话说不到理上,而且,人家的话,他不是一句也不听,就是听了也理解得不正确。

　　●(卢梭:《一个胸襟开阔的人的思想和一个有道

德的人的心中的想法》,《卢梭散文选》,百花文艺出版社1995年版,第203页)

13

　　没有想象便没有创造。所谓想象、空想、幻觉,就是像在梦境里一般。然而这是很重要的。飞是天空! 若插上翅膀会怎么样? 要到月球世界里去! ……正是有了这些想象力才发明出了飞机……不能不加分析地嘲笑空想或梦想。没有梦,就没有进步。

　　●(小原国芳:《母亲教育学》,《小原国芳教育论著选》下卷,人民教育出版社1993年版,第239页)

14

学而不思则罔,思而不学则殆。

　　●(孔子:《论语·为政》)

15

　　耳目之官不思,而蔽于物,物交物,则引之而已矣。心之官则思,思则得之,不思则不得也。此天之所与我者。

　　●(孟轲:《孟子·告子上》)

16

要做到使儿童在观察种种现象时接连不断地有所发现,仿佛在他面前燃起了思考的火花,从而促使思维过程活跃起来。思想的火花一经点燃,儿童就想知道更多的东西,想深入了解新的现象。这种想法和愿望,也就是加速思维过程活跃程度的动力。

🌐 (苏霍姆林斯基:《给教师的一百条建议》,天津人民出版社1981年版,第109页)

17

创造活动是独立思维的阶梯,学生沿着这阶梯攀缘而上,就会体会到思考带来的欢乐,感受到创造者精神上的愉快。让每个学生都懂得这一点是何等重要啊!

🌐 (苏霍姆林斯基:《教会学生学习》,《苏霍姆林斯基选集》第五卷,教育科学出版社2001年版,第633页)

18

思维能够指导我们的行动,使之具有预见,

并按照目的去计划行动,或者说,我们行动之前便明确了行动的目的。它能够使我们的行动具有深思熟虑和自觉的方式,以便达到未来的目的,或者说,指挥我们去行动,以便达到现在看来还是遥远的目标。

🌐 (杜威:《我们怎样思维》,《我们怎样思维·经验与教育》,人民教育出版社 1991 年版,第 13 页)

19

在学校里,学生思维训练失败的最大原因,也许在于不能保证像在校外实际生活那样,有可以引起思维的经验的情境。

🌐 (杜威:《我们怎样思维》,《杜威教育名篇》,教育科学出版社 2006 年版,第 216~217 页)

20

有经验的教师总是努力使学生通过思维、生机勃勃的创造活动,借助语言去认知周围世界的物体、事物和现象并深刻地理解它们,这是学生脑力劳动的首要任务,而不是着重于死记硬背。

🌐 (苏霍姆林斯基:《课堂教学与知识》,《苏霍姆林斯基选集》第五卷,教育科学出版社 2001 年版,第 534 页)

21

在理论上，没有怀疑学校中培养学生优良思维习惯的重要性。但是事实上，这个看法在实践上不如在理论上那么为人们所承认。此外，就学生的心智而论(某些特别的肌肉能力除外)，学校为学生所能做或需要做的一切，就是培养他们思维的能力。对于这一点，也许还没有足够的理论上的认识。

⚫ (杜威：《民主主义与教育》，人民教育出版社1990年版，第162页)

好奇心是学生智力发展的起点

1

好奇心差不多就是一种典型的内在的动机……那些能够让好奇心活跃起来并得到满足的东西，正是那些隐藏在我们用以表达好奇心的全部活动之中的东西。

⚫ (布鲁纳：《教学论探讨》，《布鲁纳教育论著

选》，人民教育出版社 1989 年版，第 205 页）

2

好奇心这个强有力的刺激激励儿童进行思
考。如果获得了成功，或者得到了别人的鼓励，儿
童将会养成一种善于思考的习惯。

（裴斯泰洛齐：《致格瑞夫斯的信》，《裴斯泰洛
齐教育论著选》，人民教育出版社 1992 年版，第 355 页）

3

好奇心对于儿童之发展，具有莫大的作用。
儿童凡对于一切新的东西就生出好奇心，一好奇
就要与新的东西接近，一接近那就略晓得这个东
西的性质了。假使儿童与新的境地相接触愈多，
他的知识必愈广，虽然由好奇心所得的知识，一
时不发生什么效力，但后来于实用上很关紧要的。

（陈鹤琴：《儿童心理之研究》，《陈鹤琴全集》第
一卷，江苏教育出版社 2008 年版，第 182 页）

4

智力需要机敏的好奇心……正当的好奇心
则是为真正的求知欲而激起……你们也可以从

儿童身上看到这种冲动,例如当平时锁着的抽屉或橱柜一旦打开给孩子们看时,他们会表现出极大的兴趣,这也正是正当的好奇心。动物、机器、雷雨,以及各种手工劳动均能引起儿童的好奇心,他们对知识的渴望能使最有智慧的成年人感到惭愧……我们也许可以说,好奇心一死,活跃的智力也就跟着消亡了。

🔮 (罗素:《教育和美好的生活》,河北人民出版社1999年版,第40~41页)

5

开始,孩子们只不过是好动,后来变得好奇;这种好奇心只要有很好的引导,就能成为我们现在所讲的这个年龄的孩子寻求知识的动力。

🔮 (卢梭:《爱弥儿》,商务印书馆1978年版,第215页)

6

好奇心是求知欲的开端,而儿童的好奇心通常是很强烈的,一个人的智力活动越是集中在一个范围之内,他的求知欲就越是能得到发展……教育者应该致力于把儿童先天就有的好奇心变成求知欲这样一个目标;但由于这一目标实现起来很缓慢,它只有通过整个教学和教学过程才能实现,因而教育者就应努力做到在形成儿童真正的求知欲之前不要去扼杀他的好奇心……

🌐 (乌申斯基:《论情感的培养》,《乌申斯基教育文选》,人民教育出版社1991年版,第227页)

7

儿童的好奇心,只是一种追求知识的欲望,所以应该加以鼓励。不独因为它是一种好现象,而且因为这是自然给他们预备的一个好工具,他们可用以除去生来的无知的。他们如果不是好问,无知就会使他们变成一种愚蠢无用的动物。

🌐 (洛克:《教育漫话》,教育科学出版社1999年版,第102页)

8

孩子从渴望知识的心灵出发,会接二连三地提出问题,怎样? 为什么? 用什么方法? 什么时候? 什么原因? 什么目的? 每一个稍能满足孩子的答案,都会给孩子开拓一个新的世界。

🌐 (福禄培尔:《人的教育》,人民教育出版社2001年版,第66页)

9

我有耳目,我有心思,生今日光明灿烂之世界,罗列中外古今之学术,坐于堂上而判其曲直。可者取之,否者弃之。

(梁启超:《保教非所以尊孔论》)

培养学生的创造力

1

教育的任务是毫无例外地使所有人的创造才能和创造潜力都能结出丰硕的果实,这就要求每个人都有自我负责和实现个人计划的能力。

(德洛尔等:《教育——财富蕴藏其中》,教育科学出版社1996年版,第6页)

2

智能是解决问题或制造产品的能力,这些能力对于特定的文化和社会环境是很有价值的。

(加德纳:《多元智能》,新华出版社2003年版,第8页)

3

如果他不能筹划他自己解决问题的方法（自然不是和教师、同学隔绝，而是和他们合作进行），自己寻找出路，他就学不到什么；即使他能背出一些正确的答案，百分之百正确，他还是学不到什么。

（杜威：《民主主义与教育》，人民教育出版社1990年版，第170页）

4

毫无疑问，学校里的学习使学生掌握了某种技能，这种技能可以迁移到以后不论在校内或离校后所遇到的活动上去……他学到的观念越是基本，几乎归结为定义，则这些观念对新问题的适用就越宽广。

（布鲁纳：《教育过程》，《布鲁纳教育论著选》，人民教育出版社1989年版，第31页）

5

必须把学校的重点放在发展解决问题的一般方法上，放在能适用于广泛新情境的认知上。

（布卢姆：《教育目标分类学》第一分册，华东师范大学出版社1986年版，第37页）

6

创造性教育不应该只注重那些具有社会价值的艺术或科学成果,而且必须注意那种即席创造、灵活恰当有效地应付任何突然呈现在此时此地的情境的能力。

（马斯洛:《人性能达到的境界》,1971 年英文版,第 100 页）

7

为了能够很好地利用这些潜力,个人必须掌握高质量的基础教育的一切基本知识。更为理想的是,学校应进一步赋予学生学习的兴趣和乐趣、学会学习的能力以及对知识的好奇心。甚至让我们设想一个每人轮流当教员和学员的社会。

（德洛尔等:《教育——财富蕴藏其中》,教育科学出版社 1996 年版,第 8 页）

8

教师在教育事业中的任务在于提供刺激学生的反应和指导学生学习过程的环境。归根结底,教师所能做的一切在于改变刺激,以便反应尽可能使学生确实形成良好的智力和情绪的倾向。

（杜威：《民主主义与教育》，人民教育出版社1990年版，第192页）

9

没有激发便没有发展，天资也就停滞不前。教育就是激发，教育理论就是激发理论。如果培养称为"按智力发展"，那么天资的培养就是有一定目的的激发。

（第斯多惠：《德国教师培养指南》，人民教育出版社1990年版，第76页）

10

因为智能在其发展的不同阶段都是以不同的方式显现的，所以对智能的评估和开发，都要以适当的方式进行。婴儿期的方法可能不适合后续阶段，反过来也是如此。在学前期和小学低年级，应该尽量向儿童提供机会。他们往往就是在这一阶段和年纪发现自己最感兴趣的东西和能力最强的领域。

（加德纳：《多元智能》，新华出版社2003年版，第32页）

11

问题在于怎样最好地开发心智：这个问题是最困难的问题之一。我们是否可以说，是最困难的问题。要解决这个问题，需要做两件事。首先，要知道应该塑造什么样的心智；第二，要知道这样的心智可以怎样塑造。

（斯宾塞：《国家教育》，《斯宾塞教育论著选》，人民教育出版社1997年版，第220~221页）

发展智力与掌握知识相结合

1

就普通教育而言，任何知识、任何技能，如果不能通过让学生全面洞察可以严格地列举出来的各种根源，或者不能通过使他们形成放之四海而皆准的观点（如数学和美学的观点），从而提高他们的思维力和想象力，并通过这两者使他们的智能得到提高的话，那么，这种知识和技能是死的和无用的。

（洪堡：《立陶宛的学校计划》，《教育学文集·联邦德国教育改革》，人民教育出版社1991年版，第4页）

2

光传授知识而不训练智力是可能的；这不但可能，而且是件既容易又经常做的事情。但是，我不相信能光传授知识而不训练智力。没有智力，我们复杂的现代世界就不会存在，更不会进步。因此，我把智力培养视为教育的主要目的之一。

🌐（罗素：《教育论》，东方出版社1989年版，第38页）

3

是以教授之力，仅为诱导之具，而自动之力，实为成功之基。仅有知识而不发展其能力，则所得终难见诸实行，是故不惟知之，且须能之；不惟理会之，且须应用之。

🌐（杨贤江：《学生自动之必要及其事业》，《杨贤江教育文集》，教育科学出版社1982年版，第2页）

4

谁也不能否认使我们的学生牢固地知道各种起码的知识的重要性，这种知识应为每一个苏维埃公民所掌握。但是，如果这些知识只是通过记忆而获得，如果他们没有同时积累某种工作的能力和习惯,那么这种知识就未必有价值了。

🌐(引自《沙茨基——著名的苏维埃教育家》,[苏]《苏维埃教育学》,1958年第6期,第99页)

5

对青年的正确教育不在于把他们的脑袋塞满从各个作家生拉硬扯地找来的句子和观念,而在于使他们的悟性看到外面的世界,以便他们的心灵本身涌出一道活流⋯⋯

🌐(夸美纽斯:《大教学论》,人民教育出版社1984年版,第124页)

6

虽然知识与判断力都是必需的,缺少哪一个都会显得不完美,但是,事实上判断力总应该比知识重要。没有知识,凭判断力还可以尽力设法应付,但仅有知识却永远做不到这点。

🌐(蒙田:《论学究气》,《西方古代教育论著选》,人民教育出版社1985年版,第361页)

7

尽管追求知识是智育的一个主要目标,但智

育的价值中还有一个更模糊然而更伟大、更居支
配地位的成分,古人把它称为"智慧"。没有某些
知识作为基础,你不可能聪明;但你也许能轻而
易举地获得知识,却仍然缺乏智慧。

⚫ (怀特海:《教育的目的》,1962年英文版,第
45～46页)

8

说到"笨学生",我不以考试和成绩来论断孩
子的智力。在许多情形下,笨孩子只是因为有不
自觉的冲突和罪恶感而心不在书本而已……我
至今没有见到一个所谓"笨学生"没有创造力的,
以学校功课来断定孩子的智力是毫不正确且有
绝大害处的。

⚫ (尼尔:《夏山学校》,京华出版社2002年版,第
244页)

第四编

学会如何学习和读书

教学决不是往瓶子里注水

1

教书,并不是像注水入瓶一样,注满了就算完事。最重要的是引起学生读书的趣味,做教员的,不可一句一句,或一字一字的,都讲给学生听。最好使学生自己去研究,教员竟不讲也可以,等到学生实在不能用自己的力量理解功课时,才去帮助他。

（蔡元培:《普通教育和职业教育》,《蔡元培教育论集》,湖南教育出版社 1987 年版,第 303～304 页）

2

我们教一门科目,不是建造有关这门科目的一个小型的现代图书室,而是使学生亲自进行像一名数学家思考数学、像一名史学家思考史学那样,使知识的获得过程体现出来。认识是一个过程,而不是一件产品。

（布鲁纳:《论教学的若干原则》,《布鲁纳教育论著选》,人民教育出版社 1989 年版,第 454 页）

3

如果我们拿一只仄口的瓶子（因为我们可以把它比作一个孩子的才智），把大量的水猛烈地倒进去，而不让它一滴一滴滴进去，结果会是什么呢？毫无疑问，大部分的水会流到瓶子外边去，最后，瓶子所盛的水比慢慢地倒进去的还少。有些人教学生的时候，不是尽学生所能领会的去教，而是尽他们所愿教的去教，他们的做法也一样蠢。因为才智是要加以支持的，不可负累过度，教师和医生一样，是自然的奴仆，不是自然的主人。

　　●（夸美纽斯：《大教学论》，人民教育出版社1984年版，第113～114页）

4

强制学习，必须坚决禁止。将人当成机械，将教师当成唱机，将学生当成背书的机器，这决不能产生创造性教育，个性得不到发展，当然也不能指望对世界文化作出贡献。

　　●（小原国芳：《思想问题与教育》，《小原国芳教育论著选》下卷，人民教育出版社1993年版，第101页）

5

孩子们的生活显然依其自由意志,而非焦急的父母或那些自以为是的教育家的意志。家长和老师的干预和指导最终造成的是一些机器人。我认为,不应该强迫孩子去学习自己不愿意学习的音乐或其他东西,才不致使其成为一个没有意志的人。

(尼尔:《夏山学校》,京华出版社 2002 年版,第12 页)

6

因为把知识自身看作独立的目的,所以古代的观念把知识看作一件现成的东西,拿来拿去,你传给我,我又传给别人,或是摆设起来,供人赏玩。知识就像一些金钱。守财奴积了许多钱,越积越多,全不问金钱有什么用处,只觉得积钱是人生唯一目的。旧式的知识论正同守财奴的积财观念。

(杜威:《现代教育的趋势》,引自《胡适学术文集·教育》,中华书局 1998 年版,第 324 页)

7

讲解引导学生机械地记忆所讲解的内容。尤其糟糕的是,讲解把学生变成了"容器",变成了可由教师"灌输"的"存储器"。教师越是往容器里装得完全彻底,就越是好教师;学生越是温顺地让自己被灌输,就越是好学生。于是,教育就变成了一种存储行为。学生是保管人,教师是储户。

🌐（弗莱雷:《被压迫者教育学》,华东师范大学出版社2001年版,第72～73页）

8

遵循这样一条真理:教师本身小心谨慎。如果他希望自己的学生成为有用的人而不是华而不实的人,他在教育头脑尚未成熟的学生时,不要使他的负担过重,要节制自己的力量,俯就学生的能力。

🌐（昆体良:《雄辩术原理》,《昆体良教育论著选》,人民教育出版社1989年版,第24页）

9

有一种错误的想法,即以为题目能考出能力和天才,死记硬背能检验钻研书本的程度,这不是我的经验……除了造成教育上的浪费以外，这不可能有任何结果。

🌐（怀特海：《教育的目的》，1962 年英文版，第120 页）

10

兴趣就是主动性。兴趣应当是多方面的，因此要求多方面的主动性……教学应当端正他们的思想和努力方向，引其走上正确的道路……仅仅引向死记硬背的学习，会使大部分儿童处于被动状态，因为只要这种学习继续下去，就会排斥儿童通常可能具有的其他思想。

🌐（赫尔巴特：《教育学讲授纲要》，《普通教育学·教育学讲授纲要》，人民教育出版社 1989 年版，第222 页）

11

教育的可能性取决于兴趣，是兴趣激起学习者发奋，是兴趣使他们将来觉得自己付出的努力是值得的。为了使自己有把握，他们得具备强烈的兴趣，这样才不会在半道上停止不前或者觉得所学的东西没有意义。

🌐（赫尔巴特：《论教学机构的一般形式》，《赫尔

巴特文集》教育学卷二,浙江教育出版社 2002 年版,第
282 页)

12

教之而不受,虽强告之无益,譬之以水投石,
必不纳也。今夫石田,虽水润沃,其干可立待者,
以其不纳故也。

● (张载:《经学理窟·学大原》)

13

无论教什么学科,第一步应该这样把它教给
学生,使学生乐于研究,以奠定坚实的爱的基础。

● (沛西·能:《教育原理》,人民教育出版社
1992 年版,第 191 页)

14

明智和任何其他品质都不会被属于它自身
的快乐所妨碍,而只会被其他快乐所妨碍。所以,
沉思和学习的快乐能使人思考和学习得更好。

● (亚里士多德:《尼各马可伦理学》,商务印书馆
2003 年版,第 220 页)

15

"乐则生矣。"学至于乐,则自不已,故进也。

⚪ (张载:《经学理窟·学大原》)

16

使听者仅仅处于被动状态,并强迫要求他痛苦地否认自己活动的一切方式,本身就是使人厌恶与感到受压抑的。所以一种连贯的讲课必须通过使学生始终保持急迫的期待心理来激发学生……教师在必须确保正在进行的工作能顺利进行下去的范围内可以给予学生最大限度的自由,这种方式乃是最好的方式。

⚪ (赫尔巴特:《普通教育学》,《普通教育学·教育学讲授纲要》,人民教育出版社1989年版,第78页)

17

如果智育的目的在于培养聪明才智而不是积累记忆,在于培养知识的探索者而不是培养博学之士,那么传统的教育显然具有严重的缺陷。

⚪ (皮亚杰:《教育科学与儿童心理学》,文化教育出版社1981年版,第52页)

18

使人厌倦就是教学的最大罪恶。教学的特权就是掠过草地与沼泽，不能总是让人在舒适的山谷中游荡，相反将让人练习登山，并使人在获得广阔视野中得到酬偿。

🌐（赫尔巴特：《普通教育学》，《普通教育学·教育学讲授纲要》，人民教育出版社1989年版，第64～65页）

19

硬塞知识的办法该受到多么严厉的谴责……硬塞知识的办法经常引起人对书籍的厌恶；这样就无法使人得到合理的教育所培养的那种自学能力，反而会使这种能力不断地退步。

🌐（斯宾塞：《教育论》，《斯宾塞教育论著选》，人民教育出版社1997年版，第191页）

20

最紧要的是要特别当心不要让儿童在还不能热爱学习的时候就厌恶学习，以至在儿童时代过去后，还对初次尝过的苦艾心有余悸。

🌐（昆体良：《雄辩术原理》，《昆体良教育论著

选》,人民教育出版社 1989 年版,第 15 页)

21

爱看书的青年,大可以看看本分以外的书,即课外的书,不要只将课内的书抱住……即使和本业毫不相干的,也要泛览。譬如学理科,偏看看文学书,学文学的,偏看看科学书,看看别个在那里研究的,究竟是怎么一回事。这样子,对于别人,别事,可以有更深的了解。

🌐 (鲁迅:《读书杂谈》,引自《鲁迅的教育思想和实践》,人民教育出版社 2001 年版,第 365 页)

22

分数并不代表一切。这种评估过程应该向家长、老师,甚至向学生自己提出建议,告诉他们在家里、学校和更广大的社区里,什么样的活动是可行的。根据这些信息,儿童能够加强他们自己智能的弱项,结合自己智能的强项,以便将来满足职业和副业的需要。

🌐 (加德纳:《多元智能》,新华出版社 2003 年版,第 35 页)

23

目不通古今，耳不知中外，故至理财无才，治兵无才，守令无才，将相无才……皆八股之迷误人才有以致之也。

🌐 （康有为：《请废八股以育人才折》，《康有为政论集》上册）

24

如果学生的精力和精神因休息而得到恢复，他就能以更旺盛的力量和更清醒的头脑进行学习……应当给休息规定一个限度，否则，你不让他休息时，就使他产生对学习的厌恶，而过度放纵的休息，则容易养成懒惰的习惯。

🌐 （昆体良：《雄辩术原理》，《昆体良教育论著选》，人民教育出版社1989年版，第27页）

25

对于每一所学校来说，迫切需要的是，不仅仅设置一个具有宽敞的教室的休息场所，而且要有一个提供休息的自由活动场所；迫切需要在每一节课后安排一次课间休息；在头两节课后允许学生户外活动一次；如果有第四节课的话，在第三节课后应再允许学生作一次户外活动。更加迫切的是不要布置家庭作业去剥夺学生必要的休息时间。

（赫尔巴特：《普通教育学》，《普通教育学·教育学讲授纲要》，人民教育出版社 1989 年版，第 264～265 页）

教学应考虑学生的特点

1

教学要能培植各人的天赋特长，要沿着学生的自然倾向最有效地发挥他的能力。

（昆体良：《雄辩术原理》，《昆体良教育论著选》，人民教育出版社 1989 年版，第 89 页）

2

培养智力和技能需要有适合人类本性的、符合心理学规律的一套循序渐进的方法。同理，培养这些行动的技巧也取决于一个基础牢固的教学艺术初步的机制，也就是说，要遵循教学艺术的普遍规律。根据这些规律,儿童可以通过一系列从最简单到最复杂的训练而得到教育。这种训练的结果必然会使儿童在他们需要教育的所有方面,获得日益得心应手的技能。

（裴斯泰洛齐：《葛笃德如何教育她的子女》,《裴斯泰洛齐教育论著选》,人民教育出版社1992年版,第170页）

3

人之质性各异,当就其质性之所近,心志之所愿,人力之所能以为学,则易成为圣贤,而无龃龉扞格,终身不就之患。

（颜元：《四书正误》卷六）

4

正如紧口瓶子不能容受一下子大量涌入的液体,却能被慢慢地甚至一滴滴地灌进的液体所填满,所以我们也必须仔细考察学生的接受能力。

（昆体良：《雄辩术原理》,《昆体良教育论著选》,人民教育出版社1989年版,第24页）

5

世上不存在唯一的最优的教学程序,只能从

学习者的具体情况出发,设计与之相称的理想化
程序。

　　● (布鲁纳:《关于学习的学习:一份会议报告》,
1966 年英文版,第 205 页)

6

　　在发展的每一个阶段,儿童都有他自己的观
察世界和解释世界的独特方式。给任何特定年
龄的儿童教某门学科,其任务就是按这个年龄儿
童观察事物的方式去阐述那门学科的结构。

　　● (布鲁纳:《教育过程》,《布鲁纳教育论著选》,
人民教育出版社 1989 年版,第 42 页)

7

　　优秀的雄辩家的成功是更多归功于学习,而
不是更多归功于天性。这就像最好的农夫也不
能改良没有肥力的土壤,而肥沃的土地即使没有
农夫的帮助也能长出有用的东西来。然而,如果
农夫在富饶的土地上支付了劳动,他就能比土地
本身的恩赐收获更多的果实。

　　● (昆体良:《雄辩术原理》,1920 年英文版,第
349 页)

8

学生应该在适合的时间,在他们到达恰当的心理发展阶段时,学习不同的学科,采用不同的学习方式……这是一个从来没有被怀疑的、人所共知的自明之理。

（怀特海：《教育的目的》,《西方现代教育论著选》,人民教育出版社2001年版,第124页）

9

因人而施之,教也,各成其材矣,而同归于善。

（王守仁：《王文成全书》卷七）

10

子深其深,浅其浅,益其益,尊其尊。

（墨翟：《墨子·大取》）

11

发展掌握性学习策略的问题基本上是一个确定如何把学习者的个别学习差异与教学过程联系起来的问题。

（布卢姆：《布卢姆掌握学习论文集》，福建教育出版社 1986 年版，第 87 页）

12

如果教师能在差生的一般发展上不断地下工夫，那么就不仅能在发展上取得显著的成效，而且也为掌握知识和技巧提供了有利条件。

（赞可夫：《和教师的谈话》，教育科学出版社 1980 年版，第 227 页）

13

我看在所有其他方面，人与人之间也都同样天生就有所不同，而且也都可以通过勤奋努力而得到很多改进。因此，很显然，无论是天资比较聪明的人还是天资比较鲁钝的人，如果他们决心要得到值得称道的成就，都必须勤学苦练才行。

（引自色诺芬：《回忆苏格拉底》，商务印书馆 1984 年版，第 116 页）

14

最复杂的感觉印象是建立在简单要素的基础上的。你把简单的要素完全弄清楚了，那么，最复杂的感觉印象也就变得简单了。

🌐（裴斯泰洛齐：《葛笃德如何教育她的子女》，《裴斯泰洛齐教育论著选》，人民教育出版社1992年版，第80页）

15

假如把经过准备的讲话以一定的方式储存在记忆中，引导他们去付诸实践，同时选择一些简单的书让他们精读，那么他们不久就能进入学习美好事物的本质，再按一定次序学习文字，这就能使他们很快地掌握语言的能力，我认为这是学习语言最合理的和有利的方法。

🌐（弥尔顿：《论教育》，《中世纪教育文选》，人民教育出版社1989年版，第570页）

16

教学教育过程最优化，就是指所选择的教学教育过程的方法，可以使师生耗费最少的必要时间和精力而收到最佳效果。

🌐（巴班斯基：《教学教育过程最优化问答》，教育科学出版社1986年版，第1页）

使学生学会学习

1

科学技术的时代意味着：知识正在不断地变革，革新正在不断地日新月异。所以大家一致同意：教育应该较少地致力于传递和储存知识……而应该更努力寻找获得知识的方法（学会如何学习）。

（富尔：《学会生存》，教育科学出版社 1996 年版，第 12 页）

2

一般说来，"发现教学"所包含的，与其说是引导学生去发现"那里发生"的事情的过程，不如说是他们发现他们自己头脑里的想法的过程。它包含鼓励他们去说，"让我停一停再考虑那个""让我运用自己的头脑想想看""让我设身处地试试"。

（布鲁纳：《教育的适合性》，《布鲁纳教育论著选》，人民教育出版社 1989 年版，第 342 页）

3

我们教一门科目,并不是希望学生成为该科目的一个小型图书馆,而是要他们参与获得知识的过程。学习是一种过程,而不是结果。

（布鲁纳:《发现的行为》,[美]《哈佛教育评论》,1961年冬季号,第26页）

4

在教育中应该尽量鼓励自我发展的过程。应该引导儿童自己进行探讨,自己去推论。给他们讲的应该尽量少些,而引导他们去发现的应该尽量多些。

（斯宾塞:《教育论》,《斯宾塞教育论著选》,人民教育出版社1997年版,第110页）

5

比较聪明的教师注意系统地引导学生利用过去的功课来帮助理解目前的功课,并利用目前的功课加深理解已经获得的知识。

（杜威:《民主主义与教育》,人民教育出版社1990年版,第173页）

6

对学科而言,最主要的,莫过于它的思考方法。在学科的教学中,最重要的莫过于尽早向儿童提供学习那个思考方法——与之相配的联系的形式、看法、希望、笑料与挫折——的机会……我认为,一开始就应该让儿童去解题、去猜想、去争论,这才是做到了介绍学科的点子上。

⚫（布鲁纳：《教学的适合性》,《布鲁纳教育论著选》,人民教育出版社1989年版,第330～331页）

7

导师应该记住,他的工作不是要把世上可以知道的东西全部教给学生,而在使得学生爱好知识,尊重知识;在使学生采用正当的方法去求知,去改进他自己。

⚫（洛克：《教育漫话》,教育科学出版社1999年版,第168～169页）

8

如果学生们无论在口头上或笔头上,均按所出的题目互相竞争地练习,他们的学习将会获得极大的成功。他们通过各种机会和自己的经验,每个人都会发现许多东西。

🌐（伊拉斯谟：《论词语的丰富》,《中世纪教育文选》,人民教育出版社1989年版,第104页）

9

如果我们要学习的所有东西都必须不断地重新发现和日益更新,那么教学就变成了教育,而且就越来越变成了学习。如果学习包括一个人的整个一生(既指它的时间长度,也指它的各个方面),而且也包括全部的社会(既包括它的教育资源,也包括它的社会的和经济的资源),那么我们除了对"教育体系"进行必要的检修以外,还要继续前进,达到一个学习化社会的境界。因为这些都是教育将来所要面临的挑战。

🌐（富尔：《学会生存》,教育科学出版社1996年版,第16页）

10

对于教育性教学来说,一切都取决于其所引起的智力活动……凡不能激发每个学生智力活动的一切,根本不会为他们所重视,而也许会被视为负担。

🌐（赫尔巴特：《教育学讲授纲要》,《普通教育

学·教育学讲授纲要》，人民教育出版社 1989 年版，第
215～216 页）

11

致知之途有二：日学，日思。学则不恃己之
聪明，而一唯先觉之是效。思则不徇古人之陈述，
而任吾警悟之灵……学非有碍于思，而学愈博则
思愈远；思正有功于学，而思之困则学必勤。

◉（王夫之：《四书训义》卷六）

12

问题不在教他各种学问，而在于培养他有爱
好学问的兴趣，而且在这种兴趣充分增长起来的
时候，教他以研究学问的方法。毫无疑问，这是所
有一切良好的教育的一个基本原则。

◉（卢梭：《爱弥儿》，商务印书馆 1978 年版，第
223 页）

13

我们必须认识到，教育应该为学生提供各种
机会，使他积极参与，并专心一意地处理他感兴
趣的、与他密切相关的事情，尤其是要学会如何

有效地从事这类活动。

🌐（泰勒:《课程与教学的基本原理》,人民教育出版社 1994 年版,第 7 页）

14

一开始就应该给年幼的学习者有解决问题的机会,让他们去推测,去争辩,因为这些事情都是这个科学要做的核心的事情。

🌐（布鲁纳:《教学论探讨》,《布鲁纳教育论著选》,人民教育出版社 1989 年版,第 246 页）

15

任何有矫正作用的控制都会带来这样的危险性:使得学习者变得长期地依赖于导师的矫正。导师必须以某种方式去矫正学习者,但最终要让学习者自己能作出这种矫正。否则,教学的结果便是造成这样一种掌握知识的形式,即永远依赖于教师的形式。

🌐（布鲁纳:《教学论探讨》,《布鲁纳教育论著选》,人民教育出版社 1989 年版,第 145 页）

16

教师的工作应主要是想方设法唤起各种各

样的力量,用推动思考力的方法,用赋予思考力以活跃、敏捷、持续和多样性想象的方法,来充实外部世界的创造性作用。

（赫尔巴特：《给冯·施泰格尔先生的几份报告》,《赫尔巴特文集》教育学卷二,浙江教育出版社2002年版,第25页）

17

与其让孩子按照句型造各样的句子,熟练日常计算,为通过考试而做各种习题,通过改换讲法以取得更多的笔试分数,按道德和训练规则把孩子培养成有小聪明的小才子,不如把他们培养成能够自我创造、自我发现、自我行动的孩子。这样的孩子才能成大器。自己下工夫掌握学习知识的本领要比鹦鹉学舌般地背诵教材重要得多。

（小原国芳：《教育改造论》,《小原国芳教育论著选》上卷,人民教育出版社1993年版,第294页）

18

与其把学生当作天津鸭儿填入一些零碎知识,不如给他们几把钥匙,使他们可以自动地去开发文化的金库和宇宙之宝藏。

（陶行知：《育才十字诀》,《陶行知教育文集》,

江苏教育出版社1991年版,第733页)

19

关于问题的解决,要求"教师"进行大量的熟练活动,致使学生能够依靠自己去发现——布置课题所取的方式要保证将儿童力所能及的那部分课题保留下来不予解答,还要了解在解法中哪些原理是被儿童认识的,尽管这些儿童还不会应用它们。

（布鲁纳:《教育过程》1977年版新序,《布鲁纳教育论著选》,人民教育出版社1989年版,第9页）

教学做合一

1

事怎样做就怎样学,怎样学就怎样教;教的法子要根据学的法子,学的法子要根据做的法子。

（陶行知:《教学做合一》,《陶行知教育文选》,教育科学出版社1981年版,第77页）

2

唱无遇，无所用，若耘。和无遇，使也，不得已。唱而不和，是不学也。智少而不学，必寡。和而不唱，是不教也。智而不教，功适息。

（墨翟：《墨子·经说下》）

3

好的先生不是教书，不是教学生，乃是教学生学。教学生学有什么意思呢？就是把教和学联络起来：一方面要先生负指导的责任，一方面要学生负学习的责任。对于一个问题，不是要先生拿现成的解决方法来传授学生，乃是要把这个解决方法如何找来的手续程序，安排停当，指导他，使他以最短的时间，经过相类的经验，发生相类的联想，自己将这个方法找出来，并且能够利用这种经验联想来找到别的方法，解决别的问题。

（陶行知：《教学做合一》，《陶行知教育文选》，教育科学出版社1981年版，第5页）

4

夫德不优者，不能怀远。才不大者，不能博见。故多闻博识，无顽鄙之訾；深知道术，无浅暗之毁也。

🔘 （王充：《论衡·别通》）

5

善学者，师逸而功倍，又从而庸之；不善学者，师勤而功半，又从而怨之。善问者如攻坚木，先其易者，后其节目，及其久也，相说以解。不善问者反此。善待问者如撞钟，叩之以小者则小鸣，叩之以大者则大鸣，待其从容，然后尽其声。不善答问者反此。此皆进学之道也。

🔘 （《礼记·学记》）

6

在学校时，于社会应有之知识研究有素，毕业后断不患无人用之；在学校养成一种活动之能力……

🔘 （梁启超：《中国教育之前途与教育之自觉》）

7

我们要有自己的经验做根，以这经验所发生的知识做枝，然后别人的知识方才可以接上去，别人的知识方才成为我们知识的一个有机体部分。

🌑 （陶行知：《"伪知识"阶级》，《陶行知教育文选》，教育科学出版社 1981 年版，第 65 页）

8

在学校不能单靠教科书和教习，讲堂功课固然要紧；自动自习，随时注意自己发现求学的门径和学问的兴趣，更为要紧。

🌑 （蔡元培：《对于学生的希望》，《蔡元培教育论集》，湖南教育出版社 1987 年版，第 288 页）

9

古之学者，虽问以口，而其传以心；虽听以耳，而其受以意。故为师者不烦，而学者有得也……以谓其问之不切，则其听之不专；其思之不深，则其取之不固。不专不固，而可以入者，口耳而已矣。吾所以教者，非将善其口耳也。

🌑 （王安石：《王文公文集》卷七十一）

10

儿童如果看出了谈话是由问答组成的，他自己也有了发问与答复问题的习惯，他便学会了推理的程序,即辩证术的初步。不过应该教他提出合理的问题,给予直接的答复,并且不要离开当时的论点。

🌐（夸美纽斯：《大教学论》,人民教育出版社1984年版,第225页）

11

无论是课堂教学还是学习,都要开动脑筋。学生必须把学到的知识用口头表达出来,所有的学生都必须做到这一点,无一例外,必须用自己的话表达出来。

🌐（第斯多惠：《德国教师培养指南》,人民教育出版社1990年版,第171~172页）

12

寓学于做。换一句话,就是要在工作的时候,实地的学习。俗话说得好："岸上学游泳,到老学不会。"所以无论做什么事,空讲也是没有用的,必须要实地去做。学生在做的时候去学习,教师在做的时候认真去指导,然后学生得到的知识技能,才能正确无误,教师指导的时候,才不空言无补了。

🌐（陈鹤琴：《几条重要的教学原则》,《陈鹤琴全集》第四卷,江苏教育出版社2008年版,第37页）

13

不让学生复述课文必然扼杀学生讲话的能力，只顾叫学生坐着听课，这简直是尸位素餐，误人子弟，必将受到社会的谴责！

🌐（第斯多惠：《德国教师培养指南》，人民教育出版社1990年版，第173页）

14

在劳力上劳心，是一切发明之母。事事在劳力上劳心，便可得事物之真理。

🌐（陶行知：《在劳力上劳心》，《陶行知教育文选》，教育科学出版社1981年版，第80页）

15

光劳心不劳力，把心吊在半空中，光用脑不用手，瞧不起用手的人，在我们的社会里是行不通的；光劳力不劳心，也会变成狭窄的经验主义者，所以劳心必须和劳力并进，手和脑应并用。

🌐（徐特立：《劳力与劳心并进，手和脑并用》，《徐特立教育文集》，人民教育出版社1986年版，第277页）

使学生学会如何做

1

人们最初的知识和最牢固地保持的知识,是关于怎样做(how to do)的知识,例如,怎样走路、怎样谈话、怎样读书、怎样写字、怎样溜冰、怎样骑自行车、怎样操作机器、怎样运算、怎样赶马、怎样售货、怎样待人接物等……应该认识到,自然的发展进程总是从包含着从做中学(learning by doing)的那些情境开始。

（杜威:《民主主义与教育》,1966年英文版,第184页）

2

单靠读书,欲求得实用的知识和技能,有人说,只等于陆地上学泅水,是万万学不成的。故欲得真实学问,必须在书本以外,就各人环境的接触,或生活的需求,用种种方法,研究最适当的处理方法,这就是真实学问。

（黄炎培:《告宁属青年同学与爱护青年同学者

书》，《黄炎培教育文选》，上海教育出版社 1985 年版，第262 页）

3

为学之实，固在践履。苟徒知而不行，诚与不学无异。然欲行而未明于理，则其践履者又未知其果为何事也。

⬤ （朱熹：《答曹元可书》）

4

一个有经验的教师，并不让学生花专门的工夫去记诵规则和结论：对事实的思考，同时也就是对概括的逐步的识记。思考和熟记的统一表现得越鲜明，学生的知识就越自觉，他把知识运用于实践的能力就越强。

⬤ （苏霍姆林斯基：《给教师的建议》上，教育科学出版社 1980 年版，第 27 页）

5

真正有用的训练，是理解若干一般原则，对于这些原则在各种具体情况下的应用有彻底的基础训练。在以后的实践中，人们将遗忘你教给他的个别细节；但是他们将无意地牢记如何把原则应用于直接的情境。

🌐（怀特海：《教育的目的》,《西方现代教育论著选》,人民教育出版社2001年版,第138页）

6

致知者,以为力行也,今人言致知,多不及力行,岂非好言精微,反馈却平实?

🌐（张履祥：《愿学记一》）

7

不闻不若闻之,闻之不若见之,见之不若知之,知之不若行之,学至于行之而止矣……故闻之而不见,虽博必谬;见之而不知,虽识必妄;知之而不行,虽敦必困。

🌐（荀况：《荀子·儒效》）

8

学以求知之,求知之者,因将以力行之也。能力行焉,而后见闻讲习之非虚,乃学之实也。

🌐（王夫之：《四书训义》卷五）

9

心中醒，口中说，纸上作，不从身上习过，皆无用也。

（颜元：《存学编》卷二）

10

知是行的主意，行是知的功夫，知是行之始，行是知之成。

（王守仁：《王文成全书》卷六）

11

人类必须尽可能研究天、地、橡树和山毛榉之类的东西，去学会变聪明，而不依靠书本学习；就是说，他们必须学会了解并考察事物本身，不是别人对事物所已作的观察。

（夸美纽斯：《大教学论》，人民教育出版社1984年版，第126页）

12

在学校里的一切活动，凡是儿童自己能够做的，应当让他自己做，做了就与事物发生直接的

接触,就得到直接的经验,就知道做事的困难,就
认识事物的性质。要知道,做事的兴趣,愈做愈
浓;做事的能力,愈做愈强。

🌐 (陈鹤琴:《活教育的教学原则》,《陈鹤琴全集》
第五卷,江苏教育出版社 2008 年版,第 67 页)

13

真正的教育,必须使学者和人民万物亲近。
与人民亲近是"做"人的第一步,与万物亲近是"格
物"的大门口。

🌐 (陶行知:《第二年的晓庄》,《陶行知教育文
选》,教育科学出版社 1981 年版,第 105 页)

14

办职业教育,万不可专靠想,专靠说,专靠写,
必须切切实实去"做"。原来一切教育,都没有允
许我们凭空想,说空话,写空文章的;不过职业教
育,尤其重要。因为职业教育的目标,很简单,很
分明,是给人家一种实际上服务的知能,得了以
后,要去实地应用的。

🌐 (黄炎培:《怎样办职业教育》,《黄炎培教育文
选》,上海教育出版社 1985 年版,第 184 页)

15

学校课程的宗旨不在于培养能在测验中取得高分的人……而在于促使我们关切自己与他人,帮助我们在公共领域成为致力于建设民主社会的公民,在私人领域成为对他人负责的个体,运用智力、敏感与勇气去思考和行动。

🌐 (派纳:《理解课程》下,教育科学出版社2003年版,第868页)

教学需注意学生的观察和实践

1

以世界为唯一的书本,以事实为唯一的教材……使你的学生去观察自然的种种现象,不久以后就可使他变得非常好奇;不过,为了培养他的好奇心,就不能那么急急忙忙地去满足他的好奇心。你提出一些他能理解的问题,让他自己去解答。要做到:他所知道的东西,不是由于你的告诉而是由于他自己的理解。不要教他这样那样的学问,而要由他自己去发现那些学问。

● (卢梭:《爱弥儿》,商务印书馆 1978 年版,第
217 页)

2

初步教学的责任是要教儿童真实地观察,要
以尽可能完全的、真实的、鲜明的形象来丰富他
的心灵。这些形象以后成为儿童思维过程的要
素……如果教学要求发展儿童的智慧,就应该锻
炼他们的观察能力。

● (乌申斯基:《〈祖国语言〉第一册教学指南》,
《乌申斯基全集》第六卷,1949 年俄文版,第 265 页)

3

从观察中不仅可以汲取知识,而且知识在观
察中可以活跃起来,知识借助观察而"进入周转",
像工具在劳动中得到运用一样。如果说复习是
学习之母,那么观察就是思考和识记知识之母。
一个有观察力的学生,绝不会是学业成绩落后或
者文理不通的学生。

● (苏霍姆林斯基:《给教师的建议》上,教育科学
出版社 1981 年版,第 47 页)

4

儿童的天性明显地要求直观性。教儿童5个他所不认识的字,他将会长久地、徒劳地受这几个字的折磨;但是,如果你把20个这一类的字和图画联系起来,儿童就会飞快地掌握它们。你向儿童讲解很简单的意思,他不懂你所讲的;如果你对同一儿童讲解一幅复杂的图画,他很快就了解了。

(乌申斯基:《〈祖国语言〉第一册教学指南》,《乌申斯基全集》第六卷,1949年俄文版,第265~266页)

5

知识的开端永远必须来自感官……在可能的范围以内,一切事物都应该尽量地放到感官跟前。

(夸美纽斯:《大教学论》,人民教育出版社1984年版,第156页)

6

由于所有一切都是通过人的感官而进入人的头脑的,所以人的最初的理解是一种感性的理

解。正是有了这种感性的理解做基础,理智的理
解才得以形成,所以说,我们最初的哲学老师是
我们的脚、我们的手和我们的眼睛。

◉（卢梭：《爱弥儿》,商务印书馆 1978 年版,第
149 页）

7

无论什么科学,从比较而分,诸位实地考察,
得益恐怕胜过书本。

◉（蔡元培：《在绍兴五师五中女师联合大会演说
词》,《蔡元培教育论集》,湖南教育出版社 1987 年版,第
375 页）

8

较好的是思索者。因为能用自己的生活力
了,但还不免是空想。所以更好的是观察者,他用
自己的眼睛去读世间这一部活书。

◉（鲁迅：《读书杂谈》,引自《鲁迅的教育思想和
实践》,人民教育出版社 2001 年版,第 63 页）

9

凡论事者,违实不引效验,则虽甘义繁说,众

不见信。论圣人不能神而先知，先知之间，不能独见，非徒空说虚言，直以才智准况之工也。事有证验，以效实然。

🌐 （王充：《论衡·实知》）

10

夫陆王之学，质而言之，则直师心自用而已，自以为不出户可以知天下，而天下事与其所谓知者，果相合否？不经庭否？不复问也。自以为闭门造车，出而合辙，而门外之辙与其所造之车果相合否？不龃龉否？又不察也。

🌐 （严复：《救亡决论》）

11

吾人为学穷理，志求登峰造极，第一要知读无字之书……徒向书册记载中求者，为读第二手书矣，读第二手书者……常常有误……

🌐 （严复：《西学通门径功用说》）

12

经学以能通大义为主，不取琐屑，史学以贯

通古今为主,不取空论;性理之学以践履笃实为主,不取矫伪;经济之学以知今切用为主,不取泛滥;词章之学以翔实尔雅为主,不取浮靡;士习以廉谨厚重为主,不取嚣张。其大皆总以博约廉资,文行并美为要规。

🌐 (张之洞:《张文襄公奏稿》卷十五)

13

夫学问思辨行,皆所以为学,未有学而不行者也。如言学孝,则必服劳奉养,躬行孝道,而后谓之学,岂徒空口耳讲说,而遂可以谓之学孝乎?学射,则必张弓挟矢,引满中的。学书,则必伸纸执笔,操觚染翰。尽天下之学,无有不行而可以言者。则学之始,固已即是行矣。笃者,敦实笃厚之意,义行矣,而敦笃其行,不息其功之谓尔。

🌐 (王守仁:《王文成全集·传目录》)

14

学问能使天性完美,而经验又能使学问完善,因为天生的才能犹如野生植物,需要学问加以修剪,而学问本身若不受经验的限制,则它们所做的指导就太空泛。狡诈的人蔑视学问,愚笨的人羡慕学问,聪明的人运用学问。学问并不传授它们自己的用法。这种运用之道是学问之外并超乎学问之上的一种才智,只有通过观察才能获得。

（培根:《论学问》,《培根论人生》,中央编译出版社 2009 年版,第 219 页）

15

无论如何也要力争全面激发学生,在现有的条件下尽可能扩大培养范围,万不可盲目陷入限制学生智力的片面性中去,要把思想落实在行动上,尤其是教师本人……培养的目的不在于传授知识的多少,而在于彻底掌握和运用所学到的知识。

（第斯多惠:《德国教师培养指南》,人民教育出版社 1990 年版,第 130～131 页）

16

儿童教育中所教的主要概念要少而重要,还要使它们尽可能集合成各种组合。儿童应该使这些概念成为他自己的概念,并且应该懂得这些概念此时此地在他实际生活环境中的应用。儿童应该从他一开始受教育就体验到发现的愉快。

🌐（怀特海：《教育的目的》,《西方现代教育论著选》,人民教育出版社2001年版,第115～116页）

17

我所施行的教育,其精神不是要教孩子以很多的东西,而是要让他头脑中获得完全正确的和清楚的观念……我之所以向他的头脑中灌输真理,只是为了保证他不在心中装填谬误。

🌐（卢梭：《爱弥儿》,商务印书馆1978年版,第222页）

18

研究科学不是凭空创造,所以需要实践和学习,同时要吸收过去人类历史的科学遗产……

🌐（徐特立：《怎样进行自然科学的研究》,《徐特立教育文集》,人民教育出版社1986年版,第85页）

19

人须在事上磨炼做功夫,乃有益。若只好静,遇事便乱,终无长进。

🌐（王守仁：《王文成全书》卷八）

20

教师的艺术是：绝不要让学生把注意力放在那些无关紧要的琐碎的事情上，而要不断地使他接触他将来必须知道的重大关系，以便使他能够正确地判断人类社会中的善恶。

🌐（卢梭：《爱弥儿》，商务印书馆1978年版，第254页）

21

除了上述校内的经常性操练之外，还有另外的机会从校外游乐中获得经验。当春光明媚、天气晴朗的时候，如果不走出校门，观看大自然的丰富多彩，与天地同乐，那将是对大自然的伤害和冷漠。

🌐（弥尔顿：《论教育》，1982年英文版，第228页）

22

学者只守一乡，则滞于一曲，隘吝卑陋。必游四方，尽见人情物态，南北风俗，山川气象，以广其闻见，则为有益于学者矣。

🌐（胡瑗：《安定言行录》卷上）

23

对年轻人来说,游历是教育的一部分;对年长者来说,游历是其经历的一部分。一个人到他国游历,如果未能掌握一点该国的语言,则可以说是去学习而不是游历。年轻人在一位导师或一位可靠的仆从的带领下去游历,我以为是比较妥当的。

🌑 (培根:《论游历》,《培根论人生》,中央编译出版社2009年版,第79页)

读书打开了人类知识宝库

1

读书是开拓知识的门径,而且是一种非常高雅的爱好。如果到谁家做客,屋里没有书,就好像走进了沙漠。读书能净化道德生活。

🌑 (小原国芳:《母亲教育学》,《小原国芳教育论著选》下卷,人民教育出版社1993年版,第225页)

2

人不博览者,不闻古今,不见事类,不知然否,犹目盲、耳聋、鼻痈者也……故人道弥深,所见弥大……夫人含百家之言,犹海怀百川之流也,不谓之大者,是谓海小于百川也。夫海大于百川也。人皆知之,通者明于不通,莫之能别也。

🌐 (王充:《论衡·别通》)

3

一个从来没有读过西方世界里任何伟大的书的人,怎能称得上受过教育的呢?

🌐 (赫钦斯:《普通教育》,《西方现代教育论著选》,人民教育出版社2001年版,第212页)

4

人文是经典的宝库,如果只留给最配得到它的那种人,这个世界将依然如故。相反,如果人们致力于教导那些愚昧的人呢? 我们将看到一个新世界。

🌐 (阿兰:《教育漫谈》,《世界教育名著通览》,湖北教育出版社1994年版,第1196页)

5

我很早就学会了读书。书籍成了我的快乐的源泉,我一本接一本地贪婪地读着。书把整个世界展现在我的面前。

🌐（克鲁普斯卡雅:《我的生活道路》,《克鲁普斯卡雅教育文选》上卷,人民教育出版社1987年版,第10页）

6

人类统治万物的权力肯定最深藏在知识中。在知识里边蕴藏着许多东西,这些东西是帝王的财宝所不能购买,他们的势力所不能指挥的;他们的情报员得不到这些东西的消息,他们的海员和探险家也不能驶向这些东西生长之地。

🌐（引自法灵顿:《弗兰西斯·培根》,三联书店1958年版,第27页）

读书才能睿智和陶冶心灵

1

阅读应当成为孩子掌握知识的极为巧妙的工具,同时又是丰富的精神生活的源泉。

（苏霍姆林斯基:《把整个心灵献给孩子》,天津人民出版社 1981 年版,第 125 页）

2

知之者不如好之者,好之者不如乐之者。

（孔子:《论语·雍也》）

3

生而知之者,上也;学而知之者,次也;困而学之,又其次也;困而不学,民斯为下矣。

（孔子:《论语·季氏》）

175

4

学果可以致明而致知,则好学者可不谓之近智乎?

（陆九渊:《陆九渊集》卷三十二）

5

愚而不学,则益其愚;智而不学,则失其智。

（张履祥:《愿学记一》）

6

求知识是需要读书,但如果只有书本知识,那只是书柜子罢了,算不得有头脑的人。书上的知识,必须经过自己劳动实践去体验,那才能够接受和消化,才能够成为我自己有血有肉的知识。

（徐特立:《解答关于教育方针的几个问题》,《徐特立教育文集》,人民教育出版社1986年版,第218页）

7

孩子最初阅读和吸收哪一类书籍是十分重要的。不正经的谈话毁坏心灵,不正经的书籍毁

坏心灵的程度并不比它稍差。没有声息的文字
会转变成为态度和情绪,特别是当它们碰上一个
有某种缺点的天然性格的时候更会如此。

（伊拉斯谟：《一个基督教王子的教育》，《中世
纪教育文选》，人民教育出版社 1989 年版，第 170 页）

读书有疑始是学

1

读书始读,未知有疑,其次则渐渐有疑,中则
节节是疑。过了这一番,疑渐渐释,以致融会贯
通,都无可疑,方始是学。

（朱熹：《宋元学案·晦翁学案》）

2

所以观书者,释己之疑,明己之未达,每见每
知所益,则学进矣。于不疑处有疑,方是进矣。

（张载：《经学理窟·义理》）

3

在可疑而不疑者,不曾学,学则须疑。譬之行道者,将之南山,须问道路之出。自若安坐,则何尝有疑?

(张载:《经学理窟·学大原》)

4

为学患无疑,疑则有进……小疑则小进,大疑则大进。

(陆九渊:《陆九渊集》卷三十五、卷三十六)

5

读书无疑者,须教有疑;有疑者,却要无疑,到这里方是长进。

(朱熹:《朱子语类》卷十一)

6

不要为了辩驳而读书,也不要为了信仰与盲从,也不要为了言谈与议论,要以能权衡轻重、审察事理为目的。有些书可供一尝,有些书可以吞下,有不多的几部书则应当咀嚼消化;这就是说,有些书只要读读它们的一部分就够了;有些书可以全读,但是不必过于细心地读;还有不多的几部书则应当全读,勤读,而且用心地读。

◉ (培根:《培根论说文集》,商务印书馆 1983 年版,第 180 页)

7

为学之道,莫先于穷理;穷理之要,必在于读书;读书之法,莫贵于循序而致精;而致精之本,则又在于居敬而持志。

◉ (朱熹:《性理精义》)

8

某此间讲说时少,践履时多,事事都用你自去理会,自去体察,自去涵养,书用你自去读,道理用你自去究索,某只是做得个引路底人,做得个证明人,有疑难处,同商量而已。

◉ (朱熹:《朱子语类》卷十三)

9

不学不问不能知也。不学自知,不问自晓,古今行事未之有也……故智能之士，不学不成，不问不知……人才有高下，知物由学，学之乃知，不问不识。

💬 （王充：《论衡·实知》）

10

读书首先是一种劳动，而且往往还是一种紧张而艰苦的劳动。然而，阅读好书若能成为学生的精神需要，那就会变成一种创造性和自我教育的过程了。

💬 （苏霍姆林斯基：《强有力的教育手段》，《苏霍姆林斯基选集》第五卷，教育科学出版社2001年版，第720页）

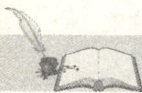

读书与知行结合

1

要使动手的读书，读书的动手。把读书和做工两下拼起家来。要使人们明了世界文明，是人类手和脑两部分联合产生出来。

⚇（黄炎培：《职业教育该怎样办》，《黄炎培教育文选》，上海教育出版社 1985 年版，第 194 页）

2

学之之博，未若知之之要；知之之要，未若行之之实。

⚇（朱熹：《朱子语类》卷十三）

3

博学之，审问之，慎思之，明辨之，笃行之……果能此道矣，虽愚必明，虽柔必强。

⚇（《礼记·中庸》）

4

余尝谓读书有三到，谓心到、眼到、口到。心不在此，则眼看不仔细。心眼既不专一，却只漫浪诵读，决不能记，记亦不能久也。三到之中，心到最急。心既到矣，眼口岂有不到乎？

⚇（朱熹：《童蒙须知》）

5

注意是我们心灵的唯一门户,从外部世界进入意识中的一切,都必定要通过这个门户;所以学习的时候,任何一个字也不能绕过这个门户,否则就不能进入儿童的心灵。显然,教会儿童把这个门户敞开是首要的事情,能够这样,一切学习就有了成功的基础。

🌐 (乌申斯基:《〈祖国语言〉第一册教学指南》,《乌申斯基全集》第六卷,1949年俄文版,第291页)

6

就像热爱和崇拜那些有学问的人一样,我热爱和崇拜知识。事实上,知识的获得是人类最崇高最有力的获得。但是,有些人(这个数字是很大的)只具备这点能力,他们只会依赖他们的理解力和记忆力,躲在别人的保护伞下,除了书本知识之外,什么也不知道。我不喜欢这样,如果我可以发表意见,我要讲这几乎和愚蠢相差无几。

🌐 (蒙田:《讨论的技术》,《中世纪教育文选》,人民教育出版社1989年版,第493页)

第五编

培养有道德有情感的人

使学生兼有智慧和道德

1

智慧和道德,恰像人的两部分,各有各的作用,所以不能说哪个重要,哪个不重要。如果不是两者兼备,就不能算作完人。

（福泽谕吉:《文明论概略》,商务印书馆 1982年版,第 77 页）

2

有智慧而缺乏道德之心的人,等于禽兽,非人也;只修养道德而没有智慧的人,等于石菩萨,也不能称其为人。

（福泽谕吉:《福泽谕吉教育论集》,1981 年日文版,第 81 页）

3

某些美德是一个接受教学的儿童所需要的,而大量的知识则是众多重要美德的成功实践所需要的。

⚫ (罗素:《罗素论教育》"导言",人民教育出版社2009年版,第3页)

4

教育不仅应当发展人的理性和传授给他一定范围的知识,而且还应当使他燃起从事严肃劳动的强烈渴望,因为如果没有这种强烈的愿望,他的生活就既不可能是有意义的,也不可能是幸福的。

⚫ (乌申斯基:《劳动在心理和教育上的作用》,《乌申斯基教育文选》,人民教育出版社1991年版,第146页)

5

与美德在一起的学问要比国王的全部宝藏还要珍贵。

⚫ (引自奥西诺夫斯基:《托马斯·莫尔传》,商务印书馆1984年版,第34页)

6

美德有两种,即心智方面的和道德方面的。

心智方面的美德的产生和发展大体上归功于教育(因此它需要经验和时间);而道德方面的美德乃是习惯的结果。

🌑 (亚里士多德:《尼各马可伦理学》,《古希腊教育论著选》,人民教育出版社 1994 年版,第 317 页)

7

德者业之本,业者德之著。德益进则业益修,业益修则德益盛。二者亦交养互发,实是一种工夫。

🌑 (张履祥:《杨园先生全集》卷四十一)

8

德行愈高的人,其他一切成就的获得也愈容易。因为凡是能够尊重德行的人,对于一切合于自己的事是不会采取一种执拗或倔强的态度的。

🌑 (洛克:《教育漫话》,教育科学出版社 1999 年版,第 49 页)

9

如果学习不能使我们的心灵高尚,不能使我们的判断精确,那么,我宁愿叫我的学生把时间用于打网球,这样至少可以使他身心愉快。请看,在学究培养下十五六年的学生回来后,他们不适合做任何工作。你看到的唯一好处是,希腊文和拉丁文使他们比离家时更加自负和骄傲。

🔵(蒙田:《论学究气》,《中世纪教育文选》,人民教育出版社1989年版,第479页)

10

正义和一切其他德行都是智慧,因为正义的事和一切道德的行为都是美而好的;凡认识这些事的人决不会愿意选择别的事情;凡不认识这些事的人也决不可能把它们付诸实践……所以,智慧的人总是做美而好的事情,愚昧的人则不可能做美好的事,即使他们试着去做,也是要失败的。

🔵(引自色诺芬:《回忆苏格拉底》,商务印书馆1984年版,第117页)

11

知情意的教育是整个的、统一的。知的教育不是灌输儿童死的知识,而是同时引起儿童的社会兴趣与行动的意志。情育不是培养儿童脆弱的感情,而是调节并启发儿童应有的感情,主要的是追求真理的感情;在感情之调节与启发中使儿童了解其意义与方法,便同时是知的教育;使养成追求真理的感情并能努力与奉行,便同时是意志教育。意志教育不是发扬个人盲目的意志,而是培养合于社会及历史发展的意志……现在我们要求在统一的教育中培养儿童的知情意,启发其自觉,使其人格获得完备的发展。

🌐 (陶行知:《育才学校教育纲要草案》,《陶行知教育文集》,江苏教育出版社1991年版,第669~670页)

12

因为道德的过程就是经验不断从坏经验转变为好经验的过程,所以,教育的过程和道德的过程是完全一致的。

🌐 (杜威:《哲学的改造》,《杜威教育论著选》,华东师范大学出版社1981年版,第248页)

13

道德教学的重大任务就是启发儿童的道德知性,锻炼坚强的意志,陶冶纯美的情操。这些多半也要求诸于其他教学科目以及整个教育或校外活动。

🌐 (小原国芳:《道德教学革新论》,《小原国芳教

育论著选》下卷,人民教育出版社 1993 年版,第 169
页)

14

我得立刻承认,不存在"无教学的教育"这个
概念,正如反过来,我不承认有任何"无教育的教
学"一样。

(赫尔巴特:《普通教育学》,《普通教育学·
教育学讲授纲要》,人民教育出版社 1989 年版,第
12 页)

15

让学生体验到知识、智力生活是他的一种道
德尊严。教师要这样来教育学生;造成一种风气,
使他们感到不学无术、对书籍冷眼相看是不道
德的。

(苏霍姆林斯基:《给教师的建议》上,教育科学
出版社 1980 年版,第 66 页)

道德品格的规范

1

为什么要鼓励人们去追求美德？为什么要教育他们知道美德的高尚并尊重实践美德的人？因为，这对一个崇尚美德的国家来说，有一个很大的好处，那就是：使那些心术不正的人无法施展他们的坏心，使做坏事的人在这个国家里毫无前途。

● （卢梭：《荣誉和美德》，《卢梭散文选》，百花文艺出版社1995年版，第218～219页）

2

知有合群之独立，则独立而不轧轹；知有制裁之自由，则自由而不乱暴；知有虚心之自信，则自信而不骄盈；知有爱他之利己，则利己而不偏私；知有成立之破坏，则破坏而不危险。

● （梁启超：《十种德性相反相成义》）

3

性为最初之生理,而善与不善皆后起之分涂也。

（王夫之:《四书训义》卷三十五）

4

善非固有,恶非固有,仁义、廉耻、诈贼、狠忌非固有。

（龚自珍:《壬癸之际胎观第七》）

5

只有在适当的时期和机会,对于适当的人和对象,持适当的态度去处理,才是中道。亦即最好的中道。这是德性的特点……勇敢过度为鲁莽,不及为怯懦;节制过度为麻木,不及为放荡;乐施过度为挥霍,不及为吝啬;慷慨过度叫无风度或粗俗,不及为卑鄙;自豪过度叫虚荣,不及为卑贱。

（亚里士多德:《尼各马可伦理学》,《西方伦理学名著选辑》上卷,商务印书馆1964年版,第297～298页）

6

恻隐之心，仁之端也；羞恶之心，义之端也；辞让之心，礼之端也；是非之心，智之端也，人之有是四端也，犹其有四体也。有是四端而自谓不能者，自贼者也……

● (孟轲：《孟子·公孙丑上》)

7

君子有三乐，而王天下不与存焉。父母俱存，兄弟无故，一乐也。仰不愧于天，俯不怍于人，二乐也。得天下英才而教育之，三乐也。

● (孟轲：《孟子·尽心上》)

8

君子之所以教者五：有如时雨化之者，有成德者，有达财者，有答问者，有私淑艾者。此五者，君子之所以教也。

● (孟轲：《孟子·尽心上》)

9

君子有九思：视思明，听思聪，色思温，貌思恭,言思忠,事思敬,疑思问,忿思难,见得思义。

🌐 (孔子:《论语·季氏》)

10

古之学者为己,今之学者为人。君子之学也,以美其身;小人之学也,以为禽犊。

🌐 (荀况:《荀子·劝学》)

11

富贵不能淫,贫贱不能移,威武不能屈,此之谓大丈夫。

🌐 (孟轲:《孟子·滕文公下》)

12

良知之在人心,不但圣贤,虽常人亦无不如此。若无有物欲牵蔽,但循着良知发用流行将去,即无不是道。

🌐 (王守仁:《王文成全书》卷二)

13

是非之心,不待虑而知,不待学而能,是故谓之良知。

🌐 (王守仁：《王文成全书》卷二十六)

14

天将降大任于斯人也，必先苦其心志，劳其筋骨，饿其体肤，空乏其身，行拂乱其所为，所以动心忍性，曾益其所不能。

🌐 (孟轲：《孟子·告子下》)

15

少年立志要远大，持身要紧严。立志不高，则溺于流俗；持身不严，则人于匪辟。

🌐 (张履祥：《初学备忘上》)

16

当使若二士者，言必信，行必果，使言行之合，犹合符节也，无言而不行也。

🌐 (墨翟：《墨子·兼爱下》)

17

一目之视也，不若二目之视也；一耳之听也，

不若二耳之听也;一手之操也,不若二手之强也,
夫唯能信身而从事,故利若此。

🌐 (墨翟:《墨子·尚同下》)

18

鱼,我所欲也;熊掌,亦我所欲也。二者不可
得兼,舍鱼而取熊掌者也。生,亦我所欲也;义,亦
我所欲也。二者不可得兼,舍生而取义者也。

🌐 (孟轲:《孟子·告子上》)

19

老吾老,以及人之老;幼吾幼,以及人之幼。
天下可运于掌。

🌐 (孟轲:《孟子·梁惠王上》)

20

见疾不疾,是为长恶;见善不从,是为弃善,损
于己亦损于人。

🌐 (张履祥:《愿学记一》)

21

善恶要知,更要断。知一善,则断然为之;知一恶,则断然去之。庶乎善日积而恶日远也。

（颜元:《颜习斋先生言行录·理欲》）

22

自治以此,治人即以此,使天下相习于善,而预远其引蔽习染。

（颜元:《存性编》卷二）

23

心灵最好是通过和风细雨般的浸润的方式,用种种的感受来培养,通过开始时适合小孩年龄,随着年龄增长而不断给予纠正的道德学来培养。

（赫尔巴特:《给冯·施泰格尔先生的几份报告》,《赫尔巴特文集》教育学卷二,浙江教育出版社2002年版,第30页）

24

教育使人获得内部的和精神的自由,换句话

说，就是通过知识、理智、善良意志和爱获得幸福。

🌑（马里坦：《教育在十字路口》，1943年英文版，第11页）

25

尽管我并不以为我们人中间有谁知道什么真正美、真正好的东西，可我还是比他好一点，因为他一无所知，却自以为知道，而我既不知道，也不自以为知道。在这一点上，我似乎比他稍有高明之处。

🌑（柏拉图：《申辩篇》，《古希腊教育论著选》，人民教育出版社1994年版，第31页）

26

人生天地间，为人自当尽人道。学者所以为学，学为人而已，非有为也。

🌑（陆九渊：《陆九渊集》卷三十五）

27

学须反己。若徒责人，只见得人不是，不见自己非。若能反己，方见自己有许多未尽处，奚暇责人？

🌑（王守仁：《王文成全书》卷三）

28

少年之日，先要识得人之贤否，事之善恶，言之是非，则心术自能向正，虽离父母师傅，亦可不至于邪慝矣。谚云：知好恶。此其实也。

（张履祥：《初学备忘上》）

29

人不知学，其任智自以为人莫及，以理观之，其用智乃痴耳！

（张载：《经学理窟·义理》）

30

熹窃观古昔圣贤所以教人为学之意，莫非使之讲明义理，以修其身，然后推以及人。

（朱熹：《白鹿洞书院教条》）

31

古之君子，其责己也重以周，其待人也轻以约。重以周，故不怠。轻以约，故人乐为善。

（韩愈：《韩昌黎文集·原毁》）

32

道德准则,只有当它们被学生自己追求、获得和亲身体验过的时候,只有当它们变成学生独立的个人信念的时候,才能真正成为学生的精神财富。

⬤ (苏霍姆林斯基:《给教师的建议》下,教育科学出版社1981年版,第205页)

33

信托,世界上的信托……它是教育关系的最具有内在意义的成就。

⬤ (布贝尔:《人与人之间》,1965年英文版,第116页)

34

多年的经验使我懂得了一个道理,我认为这个道理是教育工作中最重要的规律之一:要教育孩子,要使他以自己的发奋努力、克服重重困难的高昂代价去赢得精神财富。

⬤ (苏霍姆林斯基:《少年的教育和自我教育》,北京出版社1984年版,第236～237页)

35

不言而喻,教育的最重要阶段是幼年少年时期。尤其是德育,由于以培养习惯为主,所以必须在他心地未开辟之前,千方百计地向善良方向引导,这是众所周知的道理。不过,正像我常说的那样,德育贵在身教而不在言教,要培养孩子的道德观念,只靠教师的讲授不足以奏效,父兄的训诫也很难成功。最重要的是教育者本身是一位有德行的人,只有教育者躬身实践,为孩子做出榜样,才能使受教育者在潜移默化中形成一种良好的道德习惯。

　　⬤ (福泽谕吉:《德育贵在身教不在言教》,《福泽谕吉教育论著选》,人民教育出版社 1991 年版,第 95～96 页)

36

在各种教导儿童以及培养他们的礼貌的方法中,其最简明、最容易而又最有效的办法是把他们应该做或是应该避免的事情的榜样放在他们的眼前。一旦你把他们熟知的人的榜样指给他们看了,同时说明了他们为什么漂亮或丑恶,那种吸引或阻止他们去模仿的力量,是比任何能够给予他们的说教都大的。

● （洛克：《教育漫话》，教育科学出版社 1999 年版，第 59～60 页）

37

儿童的心灵是敏感的，它是为接受一切好的东西而敞开的。如果教师诱导儿童学习好的榜样，鼓励仿效一切好的行为，那么，儿童身上的所有缺点就会没有痛苦和创伤地、不觉得难受地逐渐消失。

● （苏霍姆林斯基：《要相信孩子》，教育科学出版社 1981 年版，第 6 页）

38

教师必须帮助儿童考虑真正的道德冲突，考虑他们用以解决这些冲突的推理，认清儿童思维方式中的前后矛盾和不当之处，并设法找出解决矛盾的方法……

● （柯尔伯格：《道德教育的哲学》，浙江教育出版社 2000 年版，第 8 页）

39

在道德教育方面，只有一条既适合于孩子，

而且对各种年龄的人来说都最为重要，那就是：绝不损害别人。

🌑（卢梭：《爱弥儿》，商务印书馆 1978 年版，第 115 页）

40

导师的重大的工作在于养成学生的风度，形成学生的心理，在使学生养成良好的习惯，怀抱德行与智慧的原则；在逐渐将人世的真情实况显示给学生，在使学生喜爱并且模仿优良的与值得被人称誉的行为，在当学生正做这种行为的时候，给他力量和鼓励。

🌑（洛克：《教育漫话》，教育科学出版社 1999 年版，第 74 页）

41

与善人居，如入芝兰之室，久而自芳也；与恶人居，如入鲍鱼之肆，久而自臭也。墨子悲于染丝，是之谓矣。君子必慎交游焉。

🌑（颜之推：《颜氏家训·慕贤》）

42

"学校没有纪律犹如磨盘没有水。"这是很对的。因为如果你从磨坊取去了水,磨盘就会停止;同样,如果你从学校取消了纪律,你就是剥夺了它的发动力。

💿 (夸美纽斯:《大教学论》,人民教育出版社1984年版,第215页)

43

学校纪律……不是一种旨在保证教室表面平静的简单手段,也不是一种允许这项工作四平八稳地滚动下去的手段。它是一种课堂道德,就像社会群体的纪律就是确切意义上的道德一样。每一种社会群体,每一种社会类型,都拥有,而且不能没有自己的道德,这种道德能够表达它自身的特性。

💿 (涂尔干:《道德教育》,上海人民出版社2001年版,第145页)

44

我是把纪律理解为教育的结果,因此培养纪律的基本方法是整个的教育过程。纪律首先并不是教育的手段，而是教育的结果，以后才能成为一种手段。

　　💿（马卡连柯：《我的教育观点》，《马卡连柯教育文集》上卷，人民教育出版社 1985 年版，第 220 页）

45

　　如果不紧紧而灵巧地抓住管理的缰绳，那么任何课都是无法进行的……这种管理并非要在儿童心灵中达到任何目的，而仅仅是要创造一种秩序。

　　💿（赫尔巴特：《普通教育学》，《普通教育学·教育学讲授纲要》，人民教育出版社 1989 年版，第 23～24 页）

46

　　每一个人的本分岂不就是把自制看作是一切德行的基础，首先在自己心里树立起一种自制的美德来吗？有哪个不能自制的人能学会任何的好事，或者把它充分地付诸实践呢？

　　💿（引自色诺芬：《回忆苏格拉底》，商务印书馆1984 年版，第 33 页）

47

一个不能自制的人和最愚蠢的牲畜有什么分别呢？那不重视最美好的事情,只是竭尽全力追求最大快感的人,和蠢笨的牲畜有什么不同呢？只有能自制的人才会重视实际生活中最美好的事情,对事物进行甄别,并且进行言语和行为,选择好的,避免坏的。

🌑（引自色诺芬：《回忆苏格拉底》,商务印书馆1984年版,第173页）

48

一个鲁莽无礼的人是什么人？是一个愚蠢人。他心中只有他自己,把别人都不看在眼里。

🌑（卢梭：《一个胸襟开阔的人的思想和一个有道德的人的心中的想法》,《卢梭散文选》,百花文艺出版社1995年版,第212页）

49

要维持持久的纪律,关键在于要有正确的方法……教师的任务在于使孩子不要混淆好和不动,也不要混淆坏和活动,然而旧的纪律常常把它们混淆。所有这些要求都是因为我们的目的是要建立积极的纪律、工作的纪律、良好的纪律，而不是建立静止的纪律、被动的纪律、屈从的纪律。

（蒙台梭利：《蒙台梭利方法》，《蒙台梭利幼儿教育科学方法》，人民教育出版社 1993 年版，第 112 页）

50

奉劝年青的教师和少先队辅导员：不要急于处罚学生，要好好想一想，是什么促使他犯这种或那种过失的。要是设身处地为孩子们想一想，那么就可相信他们会通过自身的努力来改正错误的。

（苏霍姆林斯基：《要相信孩子》，教育科学出版社 1981 年版，第 42 页）

51

夫过者，自大贤所不免。然不害其卒为大贤者，为其能改也。故不贵于无过，而贵于能改过。

（王守仁：《王文成全书》卷二十六）

52

一切纪律只是自觉的遵守，不是受到无理的

外力压迫而遵守。因此，对于破坏纪律的学生，不是惩戒而是说服。说服的方法不是由教师片面的注入，而是双方的讨论和研究。不是压下学生的坚强意志，而是增加对问题进一步的了解，以正确的知识来克服无知的盲动。

🌐（徐特立：《非要惩罚不可吗?》,《徐特立教育文集》,人民教育出版社 1986 年版，第 148 页）

53

有必要提醒教师注意，在纠正学生错误时，如果过于吹毛求疵，学生就会丧失努力的信心，意志消沉，最后会憎恶他的功课，担心动辄出错，什么功课也不想做。

🌐（昆体良：《雄辩术原理》,《昆体良教育论著选》,人民教育出版社 1989 年版，第 74 页）

使学生学会交往

1

学会共同生活，学会与他人一起生活。这种

学习可能是今日教育中的重大问题之一……教育的使命是教学生懂得人类的多样性，同时还要教他们认识地球上所有人具有相似性又是相互依存的。

⬤ （德洛尔：《教育——财富蕴藏其中》，教育科学出版社1996年版，第82～83页）

2

只有通过交流，人的生活才具有意义。只有通过学生思考的真实性，才能证实教师思考的真实性。教师不能替学生思考，也不能把自己的思考强加给学生。真正的思考，即是对现实的思考，不是发生在孤立的象牙塔中，而只能通过交流才能产生。

⬤ （弗莱雷：《被压迫者教育学》，华东师范大学出版社2001年版，第77～78页）

3

我们从苏格拉底那里知道一点有关对话的作用，即对话可以引导人们发现有极大深度和极高智慧的事理。

⬤ （布鲁纳：《教学论探讨》，《布鲁纳教育论著选》，人民教育出版社1989年版，第111页）

4

社会的人不可能脱离日常语言的交往,日常语言特点是交往理性基础上的相互理解,其实(交往理性)很简单,例如,我们平时说话,说的都是真话、正确的话,否则人便无法相互理解。

🔹(哈贝马斯:《作为将来的过去》,1982年德文版,第133页)

5

只有要求进行批判性思维的对话才能产生批判性思维。没有了对话,就没有了交流;没有了交流,也就没有真正的教育。

🔹(弗莱雷:《被压迫者教育学》,华东师范大学出版社2001年版,第93页)

6

教育过程的核心在于为受教育者提供帮助和对话的机会,以便他把具体经验转译为更加有力的标志系统和更有次序的体系。

🔹(布鲁纳:《教学论探讨》,《布鲁纳教育论著选》,人民教育出版社1989年版,第114页)

7

文明人的交往，要求互相帮助，彼此都满意。不严以律己而光苛求别人，这样行事是最不公平的和最粗暴的……友谊是一个人一生中最难得到的珍贵财富。一个真正的朋友，既能与我同欢乐，也能与我共忧患。他能原谅我的过失，但对我绝不文过饰非，随便纵容。

（卢梭：《一个胸襟开阔的人的思想和一个有道德的人的心中的想法》,《卢梭散文选》,百花文艺出版社 1995 年版,第 200~201 页）

8

能采纳一些朋友的忠告总是值得赞扬的，因为往往旁观者清，当局者迷，没有低谷，哪显高山。

（培根：《论追随者与朋友》,《培根论人生》,中央编译出版社 2009 年版,第 215 页）

9

我们要学会研究自己。一个人听到正确的话时，立刻就会考虑它也合适自己。一个人听到批评自己愚蠢的话，立刻就会认为不是好话。当人们接受了真理的劝告和教训时，却又认为这些劝告和教训好像是针对普通大众的,与自己无关。而且,人们不是把这些劝告和教训体现在行动上,却只是保存在记忆里。这真是既愚蠢又没用。

🌑（蒙田：《论习惯》,《中世纪教育文选》,人民教育出版社1989年版,第465～466页）

10

我的基本原则（我认为这不仅是我个人的基本原则,也是所有苏维埃教师的基本原则）永远是尽量多地要求一个人,同时也要尽可能多地尊重他。实在说,在我们的辩证法里,这两者是一个东西：对我们所不尊重的人,不可能提出更多的要求。

🌑（马卡连柯：《我的教育经验中的若干结论》,《马卡连柯教育文集》上卷,人民教育出版社1985年版,第103页）

反对鞭挞体罚和物质奖励

1

在培养娇嫩心灵的方面,我谴责一切体罚。

塑造心灵为的是荣誉与自由。强迫与压制有着说不出的奴性味儿。我想，凭理性、智慧、灵巧都做不到的事情，借武力也不会取得更大的效果。

🌐（蒙田：《我谴责教育上的一切体罚》,《蒙田随笔》,湖南人民出版社1987年版,第283页）

2

我认为体罚决不可能是妥当的。轻微的体罚虽然几乎无害，但也无益处可言，而严厉的体罚则一定会产生暴力及酷行。

🌐（罗素：《罗素论教育》,人民教育出版社2009年版,第119页）

3

体罚是权威制度的残余，在时代的意义上说，它已成为死去的东西，它非但不足以使儿童改善行为，相反地，它是将儿童挤下黑暗的深渊。

🌐（陶行知：《育才学校教育纲要草案》,《陶行知教育文集》,江苏教育出版社1991年版,第674～675页）

4

儿童的惩罚永远应是他们的过失的自然结

果。所以你不必斥责他们的错误,不要严惩他们的谎言;你应运用谎言的恶果以施教。例如,惯于说谎者虽说真话时,人也不再相信他,以后他虽未做坏事,人也归罪于他而有口难辩。当儿童说谎时,应即把这种恶果印入他的脑中。

◉(卢梭:《爱弥儿》,商务印书馆 1978 年版,第 65 页)

5

我们想使儿童变成聪明、贤良、磊落的人,用鞭挞以及别种奴隶性的体罚去管教他们是不合适⋯⋯反之,用儿童心爱的事物去奖励儿童,去讨取儿童的欢心,也应该同样小心地避免。

◉(洛克:《教育漫话》,教育科学出版社 1999 年版,第 30 页)

6

对小孩奖励带来的危险不如处罚的危险大,但是奖品对孩子的破坏性影响却是比较不容易显出来的。奖品是多余的,而且是消极性的。为了奖励做一件事,就等于说这件事本身不值得做。

◉(尼尔:《夏山学校》,京华出版社 2002 年版,第 117 页)

7

鞭挞或呵斥是应该谨慎地避免的。因为这种惩罚的方法，除了使儿童对于使得自己遭受鞭挞或呵斥的错误行为发生一种羞耻与恐怖的心思以外，是决不能再有别的好处的。

（洛克：《教育漫话》，教育科学出版社 1999 年版，第 34 页）

美育是教育的一个重要方面

1

专属美育的课程，是音乐、图画、运动、文学等，但是美育的范围，并不限于这几个科目，凡是学校所有的课程，都没有与美育无关的。例如数学，仿佛是枯燥不过了；但是美术上的比例、节奏，全是数的关系……

（蔡元培：《美育实施的方法》，《蔡元培教育论集》，湖南教育出版社 1987 年版，第 344 页）

2

最好的教导方法,不论是历史、数学或哲学课,都在于让学生意识到其中的美。

（马斯洛:《人性能达到的境界》,1971年英文版,第178页）

3

情感领域包含着那些决定一个人的人生性质并最终决定所有人的人生性质的力量。不打开这个"盒子",就是否定这些塑造我们每个人人生的强大动机力量的存在。

（布卢姆:《教育目标分类学》第二分册:情感领域,华东师范大学出版社1989年版,第96页）

4

美能磨炼人性。一个人如果从童年时期就受到美的教育,特别是读过一些好书,如果他善于感受并高度赞赏一切美好事物,那么,很难设想,他会变成一个冷酷无情、卑鄙庸俗、贪淫好色之徒。美,首先是艺术珍品,能培养细致入微的性格。性格越细致,人对世界的认识越敏锐,从而对世界的贡献也越多……

🌐（苏霍姆林斯基：《给儿子的信》，教育科学出版社 1981 年版，第 39 页）

5

感知和领会美，这是审美教育的基础和关键，是审美素养的核心。

🌐（苏霍姆林斯基：《帕夫雷什中学》，教育科学出版社 1983 年版，第 424 页）

6

学问和艺术常常是正相反的东西，看来犹如南极与北极的相距。可是实际两者则如南极和北极磁石似地互相吸引，彼此缺一就不能说是完全的。

🌐（小原国芳：《教育的根本问题——哲学》，《小原国芳教育论著选》上卷，人民教育出版社 1993 年版，第 62 页）

人生需要审美情感

1

美的情感，或者像人们所说的审美情感，是人所特有的本性。这是人区别于动物的根本差别之一……人具有一种欣赏和创造美的深刻而强烈的需要。但是这并不是说，我们可以指望审美情感会自发地形成，必须进行目标明确的工作来培养学生的情感。

🌑（赞可夫：《和教师的谈话》，教育科学出版社1980年版，第113页）

2

我认为不会欣赏美的人生就等于沙漠人生……如果我们把一切都作为有人格、有心灵和灵魂的东西来看待，那么人生和自然中的一切事物都变得可爱了，我们的世界自然就会变得广阔深邃。所谓"美把世界从平面变成立体"就是这么一回事。

🌑（小原国芳：《母亲教育学》，《小原国芳教育论著选》下卷，人民教育出版社1993年版，第285页）

3

没有油画、雕塑、音乐、诗歌以及各种自然美所引起的情感，人生乐趣会失掉一半。所以我们决不认为这些美好的训练和满足无关重要……

（斯宾塞：《教育论》，《斯宾塞教育论著选》，人民教育出版社1997年版，第80页）

4

应提倡美育，使人生美化，使人的心灵寄托于美，而将忧患忘却。于学校中可实现者，如音乐、图画、旅行、游戏、演剧等，均可去做，以之代替不好的消遣。

（蔡元培：《对于学生的希望》，《蔡元培教育论集》，湖南教育出版社1987年版，第289页）

5

尤其要尊重的是，丰富的艺术乃伟大学问的温床……丰富的感情生活，燃烧着的想象力，正是创造力的源泉。

（小原国芳：《全人教育论》，《小原国芳教育论著选》下卷，人民教育出版社1993年版，第22页）

6

孩子的世界就是艺术的世界……所谓艺术，并不是完全脱离我们生活的世界。实际上生活本身就是艺术。在这个意义上讲，孩子的生活比大人的生活更能与艺术一致。

🌐（小原国芳：《母亲教育学》，《小原国芳教育论著选》下卷，人民教育出版社1993年版，第293页）

培养学生的审美情感

1

美育者，应用美学之理论于教育，以陶养感情为目的者也。

🌐（蔡元培：《美育》，《蔡元培教育论集》，湖南教育出版社1987年版，第490页）

2

儿童在入学的时候已经具备了某些审美感。

非常重要的是,从儿童入学一开始,就要从他们已有的审美经验出发并且依靠这些审美经验来进行工作,不要丧失任何一个学周,抓紧培养他的审美情感。

（赞可夫:《和教师的谈话》,教育科学出版社1980年版,第113～114页）

3

对周围世界的美感,能陶冶学生的情操,使他们变得高尚文雅,富有同情心,憎恶丑行。

（苏霍姆林斯基:《和青年校长的谈话》,上海教育出版社1983年版,第102页）

4

有了审美能力,一个人的心灵就能在不知不觉中接受各种美的观念,并且最后接受同美的观念相联系的道德观念。

（卢梭:《爱弥儿》,商务印书馆1978年版,第557页）

5

尽力使每一个学生在青少年时期真正地看

到田野、树林和河流，到过那些无名的、偏僻的角落，因为正是这些东西的独特的美构成了我们祖国的美。

🔮 (苏霍姆林斯基：《和青年校长的谈话》，上海教育出版社 1983 年版，第 107 页)

艺术影响学生的心灵

1

一个受过适当教育的儿童，对于人工作品或自然物的缺点也最敏感，因而对丑恶的东西会非常反感，对优美的东西会非常赞赏，感受其鼓舞，并从中汲取营养，使自己的心灵成长得既美且善。

🔮 (柏拉图：《理想国》，商务印书馆 1986 年版，第 108 页)

2

艺术对人生不但决无害处，而且缺乏艺术和趣味的枯燥人生，特别是道学生活，纯粹是虚伪的人生……道德生活不是排斥艺术的，而必须是包含着艺术。

🌐（小原国芳：《教育改造论》，《小原国芳教育论著选》上卷，人民教育出版社 1993 年版，第 290～291 页）

3

艺术不仅作用于学生的理智，而且影响到他的情感，因此，艺术有助于培养信念……越是依靠情感为基础，信念就越是坚定。所以艺术在道德教育中才起着这么巨大的作用。

🌐（赞可夫：《和教师的谈话》，教育科学出版社 1980 年版，第 130 页）

4

我们的年轻人……眼睛所看到的，耳朵所听到的，艺术作品，随处都是；使他们如坐春风如沾化雨，潜移默化，不知不觉之间受到熏陶，从童年时，就和优美、理智融合为一。

🌐（柏拉图：《理想国》，商务印书馆 1986 年版，第 107 页）

5

儿童阶段文艺教育最关紧要。一个儿童从

小受了好的教育,节奏与和谐浸入了他的心灵深处,在那里牢牢地生了根,他就会变得温文有礼;如果受了坏的教育,结果就会相反。

🌑（柏拉图:《理想国》,商务印书馆 1986 年版,第107～108 页）

第六编

校长是学校工作的灵魂

校长是学校的灵魂

1

校长是一个学校的灵魂,要想评论一个学校,先要评论它的校长。

（陶行知:《半周年的燕子矶国民学校》,《陶行知教育文集》,江苏教育出版社 1991 年版,第 106 页）

2

校长应该记住,他是全校的核心和支柱。因此,他应该使自己成为道德高尚……和热爱劳动的典范,并在各方面成为活的规则和条例……他应该以精神生活纯洁、对人厚道、履行职责、孜孜不倦和精力充沛来保持自己的威望;他还应该细心观察全体同仁、学校教师和私人教师是否服从他的领导……校长应该像太阳把太空照得四面通明一样,每天都要照亮所有学生的心。

（夸美纽斯:《创建纪律严明的学校的准则》,《夸美纽斯教育论著选》,人民教育出版社 1990 年版,第 339 页）

3

现代学校领导的实质在于,要在教育这项最困难的工作中使那种体现先进教育思想的好经验得以在教师心目中创立、成熟和扎根。而这种经验的创造者,他的劳动可作为其他老师的榜样的人,就应当是学校校长。

（苏霍姆林斯基：《把整个心灵献给孩子》,天津人民出版社1981年版,第7页）

4

光是团体成员本身并不是决定这团体兴衰的唯一因素,这里还需要一位卓越的领导者。

（小原国芳：《教育改造论》,《小原国芳教育论著选》上卷,人民教育出版社1993年版,第324页）

校长领导学校首先是教育思想领导

1

领导学校,首先是教育思想上的领导,其次

才是行政上的领导。

🌑（苏霍姆林斯基：《和青年校长的谈话》，上海教育出版社 1983 年版，第 33 页）

2

校长既然是学校这个教育机构的首脑，所以学校事业及办学精神全交由校长掌握……他的工作不是光悠然坐在校长室的椅子上，而是要将教师、学生、家长、社会的力量聚合在一起，首先决定前进的方向。否则，所有的努力结果将化为乌有，或者学校分崩离析。

🌑（小原国芳：《教育改造论》，《小原国芳教育论著选》上卷，人民教育出版社 1993 年版，第 324 页）

3

要建立实验学校。实验学校向孩子们单纯地和全面地教授发展智力和体力的手段……这种实验学校应该由有能力的、可靠的人士领导。

🌑（裴斯泰洛齐：《母子篇——致友人格瑞弗斯信札》，《裴斯泰洛齐选集》第二卷，教育科学出版社 1996 年版，第 220 页）

4

如果你担任了校长职务,便认为凭着某种特殊的行政领导才能就可取得成功,那你还是打消当一名好校长的念头吧!

（苏霍姆林斯基:《和青年校长的谈话》,上海教育出版社 1983 年版,第 5 页）

5

民主的校长,也有四种任务:①培养在职的教师,教师是从各处来的,校长应负有责任使教师进步;②通过教师使学生进步并且丰富地进步;③在学校中提拔为老百姓服务的人,如小先生之类;④应当将校门打开,运用社会力量,使学校进步,动员学校的力量,帮助社会进步。

（陶行知:《实施民主教育的提纲》,《陶行知教育文集》,江苏教育出版社 1991 年版,第 787 页）

校长应是明智的领导者

1

学校领导人只有不断完善自己既作为教师又作为教育者的技艺，才能充当教师和学生的优秀而有威信的指导者。一个好校长首先应当是一个好组织者、好教育者和好教师……

（苏霍姆林斯基：《帕夫雷什中学》，教育科学出版社 1983 年版，第 25 页）

2

如果有了好的教育董事会，有了教育局长和校长所进行的优良的领导工作，就会聘用一批出色的教师，而教育的质量最后会随教师的质量转移的。前提是要有明智的领导。

（科南特：《今日美国中学》，《科南特教育论著选》，人民教育出版社 1988 年版，第 60 页）

3

学校生活是一个极其复杂的机体,它是由成千上万的日常小事构成的,而日常小事之间又有着千丝万缕的相互联系,每一件日常小事背后都有客观规律支配着它。校长要善于从日常小事中看出本质。由具体到一般,再由一般到具体,这就需要概括、需要总结。总结就是去把握事物的规律性。校长就是依靠规律性的认识去领导学校工作的。

(苏霍姆林斯基:《给教师的建议》上,教育科学出版社1980年版,第262页)

4

做校长是很难的。做校长的人虽不能说是要万能,但能力一定要强,才能胜任愉快。校长对于行政方面的事务,如经济的支配、设备的管理等,都应当精明强干,且对于各种功课,也应该相当熟练。

(陈鹤琴:《小学教育问题》,《陈鹤琴全集》第四卷,江苏教育出版社2008年版,第46页)

5

　　校长要想统领好属下教师，就要有兼容并包的胸怀，要能洞察每个教师的个性，把握他的特点，调动发挥他们所有的才干技能。只要能做到这一点，那么教师就成了握在校长手中的利器。一个学校的事业兴旺发达就从这里起步。由于教师也是"人"，所以也有缺点，也许教师还是缺点较多的"人"。校长不能把眼光盯在教师的每个缺点上，而要尽量背对教师的缺点，把目光盯在教师的优点上，寄希望于他们的工作、活动上。

　　🌀（小原国芳：《教育改造论》，《小原国芳教育论著选》上卷，人民教育出版社1993年版，第325页）

校长应懂得教学

1

　　一个学校的领导者，只有精益求精，每天提高自己的教学和教育技巧，只有把教学和教育以及研究和了解儿童这些学校工作中最本质的东西摆在第一位，他才能成为一个好的领导者，成为一个有威信的、博学多识的"教师的教师"。

🌐（苏霍姆林斯基：《和青年校长的谈话》，上海教育出版社1983年版，第4～5页）

2

校长是否必须懂得中小学教学计划里的所有科目呢？是的，一定要懂，不仅要懂得教学大纲的内容，而且要懂得比这多得多……如果连这些都不懂，领导学校就纯属空话。

🌐（苏霍姆林斯基：《和青年校长的谈话》，上海教育出版社1983年版，第33页）

3

教育领导者必须具有以下八种素质：①应该具有创造的素质。②应该具有大胆革新的胆量。③应该具有引导的能力。④应该具有合作的素质。⑤应该具有开放的心态。⑥应该敢于面对困难。⑦应该具有参与的精神。⑧应该具有管理的能力。

🌐（布拉梅尔德：《教育即力量》，《西方教育学名著提要》，江西人民出版社2004年版，第600～601页）

第七编

教师是学校力量的源泉

教师职业是一种崇高的事业

1

教师工作不仅是一个光荣重要的岗位,而且是一种崇高而愉快的事业。它对国家人才的培养,文化科学教育事业的发展,以及后一代的成长,起着重大的作用。教书不仅是传授知识,更重要的是教人。

（徐特立:《和青年学生谈投考师范问题》,《徐特立教育文集》附录一,人民教育出版社 1986 年版,第318 页）

2

谁真正想建立帮助人民进行良好教育的学校,谁就必须首先关心农村是否有优秀教师。优秀教师有能力并愿意使青年通过理解和热爱,懂得并掌握生活的智慧和他们自身阶级及自身状况的力量和秩序。这样的教师不是天上掉下来的,他们决非来自天上。乡村中没有一项职业比教师职业更重要、更困难了。

🌐（裴斯泰洛齐：《改进教育的观点、经验和手段》，《裴斯泰洛齐选集》第二卷，教育科学出版社1996年版，第187页）

3

人类之职业，没有比教师再为重要的。衣食住行的改良，科学美术的创造，迷信偏见的破除，世界大同的推进，无一不出于人为。人何以能为？由于其有知识能力。知识能力何恃而养成？由于教师。所以教师是最负责、最有资力的。

🌐（蔡元培：《〈世界教联半月刊〉发刊词》，《蔡元培教育论集》，湖南教育出版社1987年版，第621页）

4

教师不但本身要进行自我教育、自我完善，同时还要教育别人。教师应当以教育事业为终身职业，自我教育也是终身教育，因此意义更为深远。

🌐（第斯多惠：《德国教师培养指南》，人民教育出版社1990年版，第23页）

5

国将兴，必贵师而重傅；贵师而重傅，则法度

存。国将衰,必贱师而轻傅;贱师而轻傅,则人有
快;人有快则法度坏。

⬤ (荀况:《荀子·大略》)

6

一个民族如何培养教师、尊重教师,以及在
何种气氛下按照何种价值标准和自明性生活,这
些都决定了一个民族的命运。

⬤ (雅斯贝尔斯:《什么是教育》,《世界教育名著
通览》,湖北教育出版社 1994 年版,第 1384 页)

7

教师的工作是责任重大的工作,实际上,未
来的青年一代都在教师手里。

⬤ (克鲁普斯卡雅:《在俄国共青团第四次代表大
会上的演说》,《克鲁普斯卡雅教育文选》上卷,人民教
育出版社 1987 年版,第 259 页)

8

教育家在数量上不得少于甚至应当比医学
家还要多,如果我们把我们的健康信托给医学
家,那么我们就要把我们子女的道德和心智信托

给教育者,把子女们的灵魂,同时也把我们祖国的未来信托给他们。

🌑（乌申斯基：《人是教育的对象》,科学出版社1959年版,第11页）

9

教师工作是一桩最困难的工作,在最后的结果上说,可能是责任最重大的工作——要求一个人不仅要有最大的勤奋努力,而且要有极大的能力、极大的才干。

🌑（马卡连柯：《论共产主义教育》,人民教育出版社1959年版,第302页）

10

教育者决不该以幽禁在校门之内、研究研究学理、教教书本,以维持个人的生活、满足个人的欲望算已经尽职,教育者的人生观是不局限于个人,而是公开于社会的。教育者负有社会的使命,他们应从讲坛上解放,向着社会民众走去,参加甚或领导社会民众运动。

🌑（杨贤江：《新教育大纲》,《杨贤江教育文集》,教育科学出版社1982年版,第555页）

11

无论什么人,一说到当教员,必得有一个理想的社会悬在心中。

◉(陶行知:《湘湖教学做讨论会记》,《陶行知教育文选》,教育科学出版社 1981 年版,第 91 页)

12

教育的关键问题是教师。对于教育,兴之抑或亡之,在于教师……根本问题,是教师精神,是全人教养,是教师之道,是根性、是灵魂。教师之道尤其要锻炼。

◉(小原国芳:《全人教育论》,《小原国芳教育论著选》下卷,人民教育出版社 1993 年版,第 46~47 页)

13

在没有好教师的地方,整个教育活动就像一个人眼中有了灰尘,看不见自身的需要。因此,谁渴望穷人应该有最好形式的学校,谁首先必须保证提供足够的人手,这些人要胜任工作,能够以生活的智慧的洞察力和爱来培养孩子,把他们培养成当地生活中朝气蓬勃、训练有素的成员。

◉(裴斯泰洛齐:《见解与经验》,《裴斯泰洛齐教

育论著选》,人民教育出版社1992年版,第313页)

14

如果得不到足够数量合格的教师,任何最使人钦佩的改革也势必要在实践中失败……一般地讲,我们愈是要改进我们的学校工作,教师的任务就愈繁重……

💿 (皮亚杰:《教育科学与儿童心理学》,文化教育出版社1981年版,第126页)

15

三人行,必有我师焉:择其善者而从之,其不善者而改之。

💿 (孔子:《论语·述而》)

16

对绝大多数学习者来说,不论是青年还是成年人,如果他们的学习过程得到教师个人指导,可能是取得学习实质性进步的最基本因素。

💿 (巴格莱:《教育与新人》,人民教育出版社1996年版,第154页)

17

哪个学校的工作一蹶不振，教师是责无旁贷的；工作搞得出色，也应归功于教师……教师对于学校，有如太阳对于宇宙。他是推动整个学校机器的力量的源泉。

（第斯多惠：《第斯多惠教育论著选》，1956 年俄文版，第 43 页）

18

凡是缺少优秀教师的地方，那里的学校和乡村学校所推行的一切，都会被视为多余的，都会被那些看不到自己缺少知识的人们所不容。谁真正想建立帮助人民进行良好教育的学校，谁就必须首先关心农村是否有优秀教师。

（裴斯泰洛齐：《改进教育的观点、经验和手段》，《裴斯泰洛齐教育论著选》第二卷，教育科学出版社 1996 年版，第 187 页）

19

应用我的方法，教师教得少而观察得多；教师的作用在于引导儿童的心理活动和他们的身体发展。基于这一点，我把教师的名称改成指导者。

🌑（蒙台梭利：《蒙台梭利方法》，1912年英文版，第173页）

20

在教育青年不仅满怀信心去迎接未来，而且以坚定和负责的方式亲自建设未来方面，教师的贡献是至关重要的。自中小学开始，教育就应致力于迎接这些新的挑战：参与发展，帮助每个人理解并在某种程度上掌握国际化这一现象，促进社会团结。教师在培养积极的或消极的学习态度上也起着决定性的作用。他们应激发好奇心，培养自主能力，鼓励思考的严谨性，并为正规教育和继续教育的成功创造必要的条件。

🌑（德洛尔等：《教育——财富蕴藏其中》，教育科学出版社1996年版，第134页）

21

古之学者必有师。师者，所以传道授业解惑也。人非生而知之者，孰能无惑？惑而不从师，其为惑也，终不解矣……是故无贵无贱，无长无少，道之所存，师之所存也……孔子曰："三人行，则必有我师。"是故弟子不必不如师，师不必贤于弟子。闻道有先后,术业有专攻,如是而已。

🌐(韩愈:《韩昌黎全集·师说》)

22

教师的工作并非只是传授信息,甚至也不是传授知识,而是以陈述问题的方式介绍这些知识,把它们置于某种条件中,并把各种问题置于其未来情景中,从而使学生能在其答案和更广泛的问题之间建立一种联系。

🌐(德洛尔等:《教育——财富蕴藏其中》,教育科学出版社 1996 年版,第 138 页)

教师应是德才兼备的人

1

教师应当是德才兼备的人……既教学生怎样演讲,又教学生怎样做人。

🌐(昆体良:《雄辩术原理》,《昆体良教育论著选》,人民教育出版社 1989 年版,第 72 页)

2

在新的社会制度下,教师将是一批优秀的人物。他们的职务使他们有义务做到这一点,因此,教师将是具有远大理想的人,他们将以新社会的理想去造就新一代人。

（卢那察尔斯基：《卢那察尔斯基论国民教育》1958年俄文版,第295～296页）

3

在为孩子选择导师时要非常小心谨慎,我宁愿推荐一位心神镇静、稳健的导师,而不愿推荐一位头脑塞得满满的人……我还是喜欢有智慧、有判断能力、习惯文雅和举止谦逊的人,而不喜欢空空洞洞、只有书本知识的人。

（蒙田：《论儿童的教育》,《西方古代教育论著选》,人民教育出版社1985年版,第376页）

4

有些教师在处理教学论、教学方法和学校纪律方面的气魄都哪儿去了,其他一些学校的教师也存在这个问题。教师本人原本应具备这些特点的。我看教师没有气魄的主要原因是缺乏毅力和果断,一句话,缺乏坚强的性格。

💿 (第斯多惠:《德国教师培养指南》,人民教育出版社 1990 年版,第 170 页)

5

因为教师是领导者,所以不能不谈教师的人格。教师是有两种人格的,一种是经师……一种是人师,人师就是教行为,就是怎样做人的问题。经师是教学问的,就是说,除了教学问以外,学生的品质、学生的作风、学生的生活、学生的习惯,他是不管的;人师则是这些东西他都管。我们的教学就是要采取人师和经师二者合一的,每个教科学知识的人,他就是一个模范人物,同时也是一个有学问的人。

💿 (徐特立:《各科教学法讲座》,《徐特立教育文集》,人民教育出版社 1986 年版,第 242~243 页)

6

学生是充满活力的,教育的目的就是刺激和指导他们的自我发展。由此前提推论,教师也应当富有活力、思维活跃。

💿 (怀特海:《教育的目的》序言,1929 年英文版)

7

教师具有优秀的能力和知识，又有充分发展的人格，他自己是环境中的一个经常的和最重要的因素，他对在他周围成长着的儿童起着同样决定性的影响，因为这种影响采取间接的暗示和示范的形式，而不采取教训和命令的形式。

🌑（沛西·能：《教育原理》，人民教育出版社1992年版，第112页）

8

毫无疑问，在学校中许多东西取决于学校总的规章制度，但最主要的方面永远取决于与学生处于面对面地位的直接教育者的个性：教育者的个性对年轻的心灵是一种巨大的力量。无论是教科书，还是道德格言，或是奖惩制度，都代替不了这种力量。

🌑（乌申斯基：《论教育书刊的益处》，《乌申斯基教育文选》，人民教育出版社1991年版，第101页）

9

努力创造条件使教育者能以自己的个性去影响学生，使教育者个人的智慧、道德、性格和意志对学生的智慧、道德、性格和意志施加影响。

🌐（乌申斯基：《乌申斯基教育文选》，1982 年俄文版，第 156 页）

10

只有在人的个性的直接影响下，儿童才能受到教育，他们在智力和道德方面才能得到发展，而任何形式、任何纪律、任何规章制度和作息时间表，都不可能人为地代替人的个性的影响。这对于年轻的心灵来说，犹如极其有益于发展的太阳光线，它不可能被任何东西所替代。

🌐（乌申斯基：《有意识地和慎重地对新生后代施加影响》，《乌申斯基教育文选》，人民教育出版社 1991 年版，第 158 页）

11

他们的语言是很好地选择过的；他们的声音与声调是正确的、有吸引力的；他们的举止是文雅的、优美的；他们所有的谈话题目是振奋人心的、有教益的；他们心灵的慈祥是永久保持的……他们在可能进入的圈子里都能散发出一种无法形容的魅力。这样的人将是每一所学校的教师。

🌑（贺拉斯·曼：《第七年度报告》，引自摩根：
《贺拉斯·曼：他的思想和理想》，1936年英文版，第
134页）

12

在教育中，一切都应当以教育者的人格为基
础，因为教育的力量只能从人格的生动源泉中涌
现出来，任何规章、任何教学大纲、任何人为的学
校机构，无论它考虑得多么周密，都不能代替人
格在教育工作中的作用。

🌑（乌申斯基：《学校的三个要素》，《乌申斯基全
集》第二卷，1949年俄文版，第63～64页）

13

教师不仅是知识的传播者，而且是模范……
教师也是教育过程中最直接的有象征意义的人
物，是学生可以视为榜样并拿来同自己做比较
的人。

🌑（布鲁纳：《教育过程》，《布鲁纳教育论著选》，
人民教育出版社1989年版，第84～85页）

14

教师应当善于组织，善于行动，善于运用诙

谐，既要快乐适时，又要生气得当。教师应当能让
自己的每一举动都能对自己起教育作用……

🌐（马卡连柯：《普通学校的苏维埃教育问题》，
《马卡连柯教育文集》下卷，人民教育出版社1985年版，
第80页）

15

其身正，不令而行；其身不正，虽令不从……
苟正其身矣，于从政乎何有？不能正其身，如正
人何？

🌐（孔子：《论语·子路》）

16

凡是教师没有结合一个集体的地方，凡是集
体没有统一的工作计划，没有一致的步调，没有
一致的、正确的对待儿童的方法，那里就不会有
任何的教育过程，那里就应该有一个教师的集
体。因此，如果有五个能力较弱的教师团结在一
个集体里，受着一种思想、一种原则、一种作风的
鼓励，能齐心一致地工作的话，那就要比十个随
心所欲地单独工作的优秀教师要好得多。

🌐（马卡连柯：《普通学校的苏维埃教育问题》，
《马卡连柯教育文集》下卷，人民教育出版社1985年版，

第80~81页）

17

要想学生好学，必须先生好学。唯有学而不厌的先生才能教出学而不厌的学生。

🌐（陶行知：《答山西铭贤学校徐正之先生书》，《陶行知教育文集》，江苏教育出版社1991年版，第98页）

18

真正有学问的人就像麦穗一样：只要它们是空的，它们就茁壮挺立，昂首睨视；但当它们臻于成熟，饱含鼓胀的麦粒时，它们便谦逊地垂着头，不露锋芒。

🌐（蒙田：《人生随笔》，浙江人民出版社1987年版，第124页）

19

士大夫瞻仰前辈一日，则胸中长一分丘壑；长一分丘壑，则去一分鄙陋；潜移默化，将来或出或处，所以益人家邦与移人风俗不少矣。

🌐（龚自珍：《与秦敦夫书》）

20

夫学者所以求益耳。见人读数十卷书，便自高大，凌忽长者，轻慢同列；人疾之如仇敌，恶之如鸱枭。如此以学自损，不如无学也。

（颜之推：《颜氏家训·勉学》）

21

常人教小童亦可取益；绊已不出入，一益也；授人数次，已亦了此文义，二益也；对之必正衣冠，尊瞻视，三益也；尝以因已而坏人之才为之忧，则不敢惰，四益也。

（张载：《经学理窟·义理》）

22

是故善为师者，既美其道，有慎其行，齐时蚤晚，任多少，适疾徐，造而勿趋，稽而勿苦，省其所为，而成其所湛，故力不劳，而身大成，此之谓圣化，吾取之。

（董仲舒：《春秋繁露·玉杯》）

23

　　教师以及一般与儿童教育有关的人，必须使自己从这种错误的境地中解放出来，这种错误使他们不能正确地对待儿童。他们必须努力克服由傲慢和发怒组成的那些缺点，傲慢和发怒这两种罪恶是紧密相联的。实际上，发怒是主要的罪恶；傲慢随后给它提供了一个漂亮的伪装。

　　（蒙台梭利：《童年的秘密》，京华出版社2002年版，第136页）

24

　　子弟教不率从，必是教之不尽其道，为父兄师长者，但当反求诸己，未可全责子弟也。

　　（张履祥：《杨园先生全集》卷三十九）

25

　　充满活力的教师能够传播知识，激励学生通过感官知觉和肌肉活动的狭窄的门户，进入更完满、更有意义的人生；而单纯的教书匠，却止步不前，无所作为。

　　（杜威：《我们怎样思维》，《我们怎样思维·经验与教育》，人民教育出版社1991年版，第10～11页）

26

教师必须是一个有效率的有胜任力的典范，一个在日常工作中的典范，可以从他那里受到影响的典范。教师的工作，主要的不是向学生提供一个让人模仿的典范，更重要的是，他能够成为学生心中的对话之人——学生需要他的关心，希望按照他的为人标准以定出自己的标准的那种人。在这种情况下，教师变成某人和另一人共同使用的语言的谈话者。

（布鲁纳：《教学论探讨》，《布鲁纳教育论著选》，人民教育出版社 1989 年版，第 216 页）

教师的工作如同园丁的艺术

1

教师的工作如同园丁。教师没有赋予任何人以什么外力，也没有给何种力量以生命和呼吸。他注意的是，人的各种力量的自然发展进程免遭外力阻碍和破坏；他关心的是，各种力量按

255

照自身的法则得以发展，从而找到一种畅通发展
这种力量的进程……一个真正的教育者应知道，
发展我们的力量所使用的真正的教育手段，要符
合这些力量自行发展应遵循的法则。

🌐（裴斯泰洛齐：《母子篇——致友人格瑞弗斯信
札》，《裴斯泰洛齐选集》第二卷，教育科学出版社 1996
年版，第 212 页）

2

教学是一种艺术，而真正的教师就是艺术
家，这也是一句老生常谈……既要提出激动人心
的目的，又能训练实施的手段，并使两者和谐一
致，这既是教师的难题，又是对教师的酬报。

🌐（杜威：《我们怎样思维》，《我们怎样思维·经
验与教育》，人民教育出版社 1991 年版，第 238～239
页）

3

什么是真正的教育？它就如同是一个园丁
的艺术，在他的照看下，百花齐放、万木争春……
园丁并不能让树生根，他也不能让树干长出树
叶，最后成为一棵大树……他仅能在干土上浇
水，以便树根能顺利生长，除此之外，他什么也干

不了。水太多时,他要排水,并要注意不让任何外来的暴力毁坏树根、树茎或树枝。教育家也同样如此。他不能给人任何一点力量,他既不能给人以生命,也不能让他呼吸,他仅仅能注意不让外来的暴力损害或打扰他,他要关照让发展沿着固有的规律前进。

🔘 (裴斯泰洛齐:《一八一八年的讲演》,引自《现代教育的起源和发展》,北京语言学院出版社 1992 年版,第 166 页)

4

教育的艺术是使学生喜欢你所教的东西。为了使他对你所教的东西发生兴趣,那就不应该使他的脑筋对你所说的话是那样的默认,就不应该使他除了听你说话以外,便无事可做。

🔘 (卢梭:《爱弥儿》,商务印书馆 1978 年版,第 349 页)

5

教育上的错误比别的错误更不可轻犯。教育上的错误和错配了药一样,第一次弄错了,决不能借第二次第三次去补救,它们的影响是终身洗刷不掉的。

🌐（洛克：《教育漫话》，教育科学出版社1999年版，第2页）

6

一位好教师，他不仅要尽力做到享有其名，而且要名副其实，不能只虚有其名，因此他不应该逃避与教师职业有关的工作，而是认真去找着干，完成工作不是走过场，而是认真地完成……使学生终生受益。

🌐（夸美纽斯：《根除学校的惰性》，《夸美纽斯教育论著选》，人民教育出版社1990年版，第407页）

7

我们要特别当心使孩子在学习时避免麻木不仁的教师，正如嫩弱的幼苗要避开干涸的土壤一样。

🌐（昆体良：《雄辩术原理》，《昆体良教育论著选》，人民教育出版社1989年版，第74页）

8

事实上智力极低的人是很少的，正如生来便完全没有手脚的人是一样地少见的……我们差不多找不出一块模糊的镜子模糊到了完全反映不出任何形象的地步,我们也差不多找不出一块粗糙的板子粗糙到了完全不能刻上什么东西的地步。此外,假如镜子被灰尘或斑点弄脏了,镜子首先就应打扫干净;假如木板粗糙,木板就应磨光。那时它们便能实践他们的功用了。同样,假如教员卖力气,人是可以被琢磨好的。

🔘(夸美纽斯:《大教学论》,人民教育出版社1984年版,第69页)

9

我们所借以认识生活的一切事物,都是通过语言学来的;我们所学得的其他一些有用的知识也都是通过语言学得的;最好的教师是最会运用语言的人……

🔘(引自色诺芬:《回忆苏格拉底》,商务印书馆1984年版,第92页)

10

一个合格的教师不单单要教会学生怎样建造长期才能竣工的建筑物,同时也要教会学生怎样制造砖瓦,并要和学生一起动手施工,教会学生建好房屋的本领。

🌐（第斯多惠：《德国教师培养指南》，人民教育出版社1990年版，第123页）

11

一个能够动听地、明晰地教学的教师，他的声音便能像油一样浸入学生的心里，把知识一道带进去。

🌐（夸美纽斯：《大教学论》，人民教育出版社1984年版，第251页）

12

活的乡村教师要有农夫的身手、科学的头脑、改造社会的精神。

🌐（陶行知：《中国乡村教育之根本改造》，《陶行知教育文选》，教育科学出版社1981年版，第517页）

13

教师决不可忘记，对于种种冲突，只要能在一种健康气氛中加以解决，那么冲突也会具有教育价值。与学生所发生的冲突是对教师的最大考验。他必须全力运用自己的见识；切勿使他的知识锋芒失去刺激作用，但他必须同时作好准备对被它刺伤的心灵敷以刀伤药膏。他一刻也不许运用一种诡辩技巧来替代为真理而进行真正的争辩。

（布贝尔：《品格教育》,《西方现代教育论著选》,人民教育出版社 2001 年版,第 328~329 页）

教师应有教育理论和实践

1

所有的教育家——不管是理论家还是实践家——所采取的都应是这两者之间的中间立场。任何一个教育实践家都不可能没有自己的教育理论,哪怕只是一点点,哪怕是模糊不清的理论;反之,任何一个大胆的理论家有时都要注意一下事实。

（乌申斯基：《论教育书刊的益处》,《乌申斯基教育文选》,人民教育出版社 1991 年版,第 91 页）

2

为什么教师要研究心理学、教育史、各科教

学法一类的科目呢？有两个理由：一、有了这类知识，他能够观察和解释儿童心智的反应——否则便易于忽略；二、懂得了别人用过有效的方法，他能够给予儿童以正当的指导。

◉（杜威：《思维与教学》，商务印书馆1936年版，第248页）

3

教育者的第一门科学，虽然远非科学的全部，也许就是心理学……但这门科学绝不能替代对儿童的观察。因为个性只能被发现，而不能由心理学推断出来。所以事先对一个学生作出构想，这本身就是一种错误说法。

◉（赫尔巴特：《普通教育学》，《普通教育学·教育学讲授纲要》，人民教育出版社1989年版，第11页）

4

一般地说来，教育学是最辩证、最灵活的一种科学，也是最复杂、最多样化的一种科学。这种见解，就是我的教育信念的基本标态。

◉（马卡连柯：《普通学校的苏维埃教育问题》，《马卡连柯教育文集》下卷，人民教育出版社1985年版，第15页）

5

教育过程有两个方面：一个是心理学的，一个是社会学的。它们是平列并重的，哪一个也不能偏废；否则，不良的后果将随之而来。这两者，心理学是基础的。

（杜威：《我的教育信条》，《杜威教育名篇》，教育科学出版社 2006 年版，第 2 页）

6

没有教育学理论的发展，心理学是无的放矢，忽视儿童成长本质的教育学理论也将一无所得。

（布鲁纳：《教育相关性》，1973 年英文版，第 14 页）

7

把教学看作是艺术，从许多方面看都是十分有益的。把教学看作是艺术就是承认了教师素质的基本意义，这些素质包括对学生存在的困难有洞察力，有直觉印象，能敏感地意识到学生的困难，对学生的需要同情并理解。

（巴格莱：《教育与新人》，人民教育出版社

1996年版,第162页)

8

真正好的教育方法……以人的天性中永恒和普遍的素质及力量为出发点……只要做到了这些,那它便是一门艺术,并确实符合人的天性和社会的要求,其基础在本质上是不可动摇的。唤起各种天赋最内在的能力,这就是我的方法的本质。

（裴斯泰洛齐:《改进教育的观点、经验和手段》,《裴斯泰洛齐选集》第二卷,教育科学出版社1996年版,第169页)

9

教育是一种自觉的活动,至少从教育者的角度来说是如此。所谓自觉的活动,那就是说在这样的活动中我们已经明确了目的,熟悉了我们应当与之有关的材料,经过反复的思考和试验,选定了为达到我们已经认准的目标而必须采取的手段——只有这样的活动才能称为自觉的活动。

（乌申斯基:《论教育书刊的效益》,《乌申斯基教育文选》,人民教育出版社1991年版,第99页)

教师应热爱学生和了解学生

1

教师是一名向导和指导者；教师掌舵，而驱动船只前进的力量一定是来自学生的。教师愈是了解学生以往的经验，了解其希望、理想和主要的兴趣，就愈能更好地理解为使学生形成反省思维所需要加以指导和利用的各种工作动力。

（杜威：《我们怎样思维》，《我们怎样思维·经验与教育》，人民教育出版社1991年版，第29～30页）

2

真正的教育者，即能为受教育者点燃知识的明灯并帮助他们克服困难的人，才能成为这样的教师……做一名好教师的一个主要条件，就是相信人的力量，善于发现人的积极因素。

（苏霍姆林斯基：《社会与教师》，《苏霍姆林斯基选集》第五卷，教育科学出版社2001年版，第153页）

3

如果教育学希望从一切方面去教育人,那么它就必须首先也从一切方面去了解人。

🌐 (乌申斯基:《人是教育的对象》,科学出版社1959年版,第11页)

4

孩子们从早到晚时时刻刻注视我的前额,并从我的嘴唇上感知到,他们的幸福就是我的幸福,他们的快乐就是我的快乐……我将全部力量奉献给我的孩子们。从早到晚,我几乎是一个人置身于他们中间。所有对他们身心起良好作用的一切,都出自我的手。每一项帮助、在危难中伸出的每一只援助之手和他们得到的每一个教训,都直接来自于我。我的手放在他们的手上,我的眼睛对着他们的眼睛。我的眼泪与他们的眼泪一起流淌,我的微笑伴随他们的微笑。

🌐 (裴斯泰洛齐:《斯坦斯通信》,《裴斯泰洛齐选集》第一卷,教育科学出版社1994年版,第313~315页)

5

凡是教师缺乏爱的地方,无论品格还是智

慧,都不能充分地或自由地发展……每一个要成为幼年儿童的好教师的人,都必须具有弥漫四射的父母本能。随着学生年龄的增长,这种本能的重要性也就减少。但是,只有那些具有这种本领的人才能信托他们制订教育计划。

●(罗素:《教育和美好的生活》,《西方现代教育论著选》,人民教育出版社2001年版,第108~109页)

6

计划、方法都是次要的。那超过一切的条件是同志们肯不肯把整个的心,献给乡村人民和儿童。真教育是心心相印的活动。唯独从心里发出来的,才能达到心的深处。

●(陶行知:《第二年的晓庄》,《陶行知教育文选》,教育科学出版社1981年版,第107页)

7

最要紧的是,教师要以慈父的态度对待学生,他应当想到,父亲把孩子托付给他,他就是处于代行父亲职责的地位。他既不应自己有恶习,也不应容忍学生有恶习。他应当严峻而不冷酷,和蔼而不纵容,否则,冷酷会引起厌恶,纵容会招致轻视。

🌐（昆体良：《雄辩术原理》,《昆体良教育论选》,人民教育出版社1989年版,第67页）

8

所谓自学自习意义就在于点燃学生内心之火,使其自己活跃起来。能够点燃这种自觉之火的教师是好教师。这种自觉之火能被点燃起来的学生是最幸福的人。

🌐（小原国芳：《教育改造论》,《小原国芳教育论著选》上卷,人民教育出版社1993年版,第301页）

9

要拨动学生的心弦,要"心心相印",教育的深刻意义由此才能油然而生。彼此的人格戛然相碰,那迸发的火花不正是我们遥望而又想接近的求之不得的光明吗!要是彼此之间没有这种关系,学生走学生的路,教师走教师的路,将是何等的冷清寂寥啊!

🌐（小原国芳：《教育改造论》,《小原国芳教育论著选》上卷,人民教育出版社1993年版,第283页）

10

不应长时间地与孩子过不去!不要故意摆

威风！不要神秘地缄默！尤其不要虚伪地友好！
无论各种感情活动会发生多少变化，都必须保持
坦率诚恳。

⚫（赫尔巴特：《普通教育学》，《普通教育学·教
育学讲授纲要》，人民教育出版社 1989 年版，第 33 页）

11

一个高明的教师，当他接受托付给他的儿童
时，应当首先弄清楚他的能力和资质……有些孩
子是懒惰的，除非你激励他；有些孩子一听到吩
咐就发怒；恐吓能约束某些孩子，却使另一些孩
子失去生气；有些孩子由于持续的勤劳而得到陶
冶，另一些孩子因短期的努力而成就更好。

⚫（昆体良：《昆体良论教育》，1938 年英文版，第
30～31 页）

12

每个人的心灵都有它自己的形式，必须按它
的形式指导他；必须通过它这种形式而不能通过
其他的形式去教育，才能使你对他花费的苦心取
得成效……你必须好好地了解你的学生之后，才
能对他说第一句话，先让他的性格的种子自由自
在地表现出来，不要对它有任何束缚，以便全面

地详详细细地观察它。

⚫（卢梭：《爱弥儿》，商务印书馆1978年版，第97页）

13

当教育者赢得了学生的信任时，学生对接受教育的反感就会被克服而让位于一种奇特情况：他把教育者看作是一个可以亲近的人。他感到他可以信赖这个人，这个人并不使他为难，而正在参与他的生活，在有意要影响他之前能与他亲近。于是他学习提问了。

⚫（布贝尔：《品格教育》，《西方现代教育论著选》，人民教育出版社2001年版，第302页）

14

通过对话，教师的学生及学生的教师等字眼不复存在，新的术语随之出现：教师学生及学生教师。教师不再仅仅是授业者，在与学生的对话中，教师本身也得到教益，学生在被教育的同时反过来也在教育教师，他们合作起来共同成长。

⚫（弗莱雷：《被压迫者教育学》，华东师范大学出版社2001年版，第80页）

15

　　教师的任务是坚持不懈地发展孩子对学习的真正满足感，以便使孩子产生和确立热切希望学习的情感状态。

　　💭（苏霍姆林斯基：《学习兴趣是学生学习活动的重要动力》，《苏霍姆林斯基选集》第五卷，教育科学出版社2001年版，第1页）

16

　　哪里不相信人，哪里不相信人身上善良的因素，哪里的任何教育方法就会毫无作用。

　　💭（苏霍姆林斯基：《没有信任便没有教育》，《苏霍姆林斯基选集》第五卷，教育科学出版社2001年版，第485页）

教师应有教育机智和教学技巧

1

　　不论教育者怎样地研究了教育学理论，如果

他没有教育机智，他就不可能成为一个优良的教育实践者。这种所谓教育机智在本质上是不是什么别的东西，无非是文学家、诗人、演说家、演员、政治家、传教者，一句话，就是一切想跟教育学者一样对别人的心灵发挥某种影响的那些人所需要的那种心理学的机智。

（乌申斯基：《人是教育的对象》，科学出版社1959年版，第27页）

2

教师在培养青年人获得机智、处理他们的工作方面，应该花费90%的准备时间……尤其是对聪明的学生，教不是必需的，但以必要的机智去培养他们的兴趣，则是必不可少的。因为这种机智能提供大量的想象、思考和工作的机会。

（罗杰斯：《在巨人的肩上——如果我是教师，我将询问我自己的问题》，[美]《教育论坛》，第51卷第2期）

3

正确地进行教育不是一件简单容易的事，而是一个复杂和困难的任务……要点钻研，要点机智，要点忍耐，要点自制。

🌑（斯宾塞：《教育论》,《斯宾塞教育论著选》,人民教育出版社 1997 年版,第 158 页）

4

我希望你们一生都做教师……想成为专家,只能钻研一门科学,我希望你们钻研教育科学。学习不能只学课本,把知识在实践中运用起来,才能丰富它。你们如果在教育科学中能解决实际问题,有创造,就是专家了。

🌑（徐特立：《我希望你们一生都做教师》,《徐特立教育文集》,人民教育出版社 1986 年版,第 311 页）

5

假如教育者具有发现能力,那么他们将会利用他们发现的一切,激发他们细心照料的对象,并使其从事活动;而假如他们能够谨慎行事的话,那么他们将会排除那些可能会有害于其学生健康、性格和礼貌的一切。

🌑（赫尔巴特：《普通教育学》,《普通教育学·教育学讲授纲要》,人民教育出版社 1989 年版,第 6 页）

6

注意儿童的环境是教师的第一个职责,也是

最重要的职责。虽然其影响是间接的,但是,如果
教师不做好这项工作,儿童的身体、智力或精神
各方面都无法产生有效而永恒的结果。

🌐（蒙台梭利:《有吸收力的心理》,《蒙台梭利幼
儿教育科学方法》,人民教育出版社 1993 年版,第 577
页）

7

善于精细地观察学生能力的差异,弄清每个
学生的天性的特殊倾向,人们通常认为这是优秀
教师的标志之一。这是有道理的,因为各个人的
才能的确有着不可思议的差别,人心之不同,各
如其面……教学要能培植各人的天赋特长,要沿
着学生的自然倾向最有效地发展他的能力。

🌐（昆体良:《雄辩术原理》,《昆体良教育论著
选》,人民教育出版社 1989 年版,第 89 页）

8

经常而细心地观察儿童的兴趣,对于教育者
是最重要的。

🌐（杜威:《我的教育信条》,《杜威教育名篇》,教
育科学出版社 2006 年版,第 9 页）

9

一个教育者应该爱年轻人,但是仅仅这一点是不够的,他还必须具有对人类优秀品质的正确理解。

（罗素:《教育和美好的生活》,《西方现代教育论著选》,人民教育出版社 2001 年版,第 109 页）

10

只有一门学科是必须要教给孩子的:这门学科就是做人的天职……我宁愿把有这种知识的老师称为导师而不称为教师,因为我太不在乎要他拿什么东西去教孩子,而是要他指导孩子怎样做人。

（卢梭:《爱弥儿》,商务印书馆 1978 年版,第 31 页）

11

善教者必有善学者,而后其教之益大。教者但能示以所进之善,而进之之功,在人之自悟。

（王夫之:《四书训义》卷五）

12

不称职的教师强迫学生接受真知，优秀的教师则教学生主动寻找真知。前者是从上向下，从顶端开始寻找基础；后者是从下向上，从学生立足的基础开始，逐渐上升到顶端。

🌐（第斯多惠：《德国教师培养指南》，人民教育出版社 1990 年版，第 123 页）

13

教师也应当是明智的人，他应当深知教学方法，懂得俯就学生的能力。如同一个走路很快的人，如果他恰好和一个小孩走在一起，他就会用手牵着小孩，放慢自己的步伐，不能走得太快，免得他的小同伴跟不上。

🌐（昆体良：《雄辩术原理》，《昆体良教育论著选》，人民教育出版社 1989 年版，第 71 页）

14

师术有四，而博习不与焉。尊严而惮，可以为师；耆艾而信，可以为师；诵说而不陵不犯，可以为师；知微而论，可以为师。故师术有四，而博习不与焉。

（荀况：《荀子·致士》）

15

教师所知道的东西,就应当比他在课堂上要讲的东西多十倍、多二十倍,以便能够应付自如地掌握教材,到了课堂上,能从大量的事实中挑选出最重要的来讲。

（苏霍姆林斯基：《给教师的建议》下,教育科学出版社1981年版,第86～87页）

16

要想吸引学生的注意力就得千方百计充分发挥我们的特点或者利用其他巧妙的办法,在讲授课文时要尽情流露自己的个性,把课文讲得妙趣横生,引人入胜。兴趣会促进一个人的爱好,唯有有教养的人才能领会兴趣,兴趣按其本身来说能促进培养。教师要有熟练的技巧来活跃课堂教学生,引起学生的浓厚学习兴趣,因为兴趣会使学生自然而然对真、善、美发生乐趣,并会使学生甘心情愿追求真、善、美。

（第斯多惠：《德国教师培养指南》,人民教育出版社1990年版,第167页）

17

教学基本类似于其他类别的职业。从某些方面看,教学如同手工艺人的职业。一个胜任的教师,其工作中包含一些必备的技能因素,如清晰的发音、恰当地调节抑扬顿挫的音调、娴熟地运用英语语言、工整干净的板书等。

⚫（巴格莱：《教育与新人》,人民教育出版社1996年版,第160页）

18

教员的巨大技巧在于集中与保持学生的注意,一旦办到了这一点,他就可以在学生力所能及的范围以内尽速前进了。否则他的一切纷扰忙碌,结果就会很少,甚至没有结果。

⚫（洛克：《教育漫话》,教育科学出版社1999年版,第142页）

19

学习的真正兴趣,正是教师……务必加以激发并使之经久不衰的首要兴趣。孩子不勤奋的根源,几乎都是缺乏兴趣。孩子缺乏兴趣的原因,几乎都是教师进行课堂教学的方法不对。我甚

至想提出这条规律：每当孩子们注意力虽集中而
又显而易见地表示对课堂教学不感兴趣时，教师
就要首先在自己身上找原因。

（裴斯泰洛齐：《母子篇——致友人格瑞弗斯信
札》，《裴斯泰洛齐选集》第二卷，教育科学出版社 1996
年版，第 283 页）

20

教师的创造性语言，产生学生的创造力。正
是教师的日常语言，播种着创造性劳动的幼芽得
以从中生发出来的创造性思维的种子。

（苏霍姆林斯基：《德育中的教师语言》，《苏霍
姆林斯基选集》第五卷，教育科学出版社 2001 年版，第
475 页）

第八编

父母肩负神圣的使命

家庭生活在人生中是最重要的

1

让我们来看看最重要的事物——家庭生活吧！母亲的意识、父亲的力量、家庭的全部美德、爱情的全部魅力、在家中和家庭周围生活环境的全部经历、在好人家一切家庭的训练、痛苦、困难和最终把全体家庭成员联系在一起的血缘，这一切都是进行真正良好教育的天然基础。

（裴斯泰洛齐：《改进教育的观点、经验和手段》，《裴斯泰洛齐选集》第二卷，教育科学出版社 1996 年版，第 176 页）

2

充分满足这种渴望的首先是家庭生活，唯有这种家庭生活才能促使儿童善良的心灵和充满思想而天真无邪的性向真正活生生地、充满活力地发展和形成，对于任何教育阶段来说，甚至对于人的整个一生来说是无可比拟地重要的。

（福禄培尔：《人的教育》，人民教育出版社

1991年版,第63页)

3

家庭是我们社会的基本细胞,它体现着在经济、道德、精神心理学、审美等方面的诸多关系,当然,还包括教育方面的关系。然而,只有父母抱着崇高的目的,而孩子心目中他们因这个目的变得崇高并在为之奋斗时,家庭才能成为一种高尚的教育力量。

● (苏霍姆林斯基:《您家的氛围》,《苏霍姆林斯基选集》第五卷,教育科学出版社2001年版,第604页)

4

有人以为家庭不过是吃饭、睡觉的处所,对于儿童教育没有关系。其实家庭是造人的基本工厂,要想制造有学问、有道德的好人,需看家长是否是有学问、有道德的好人……

● (晏阳初:《平民教育概论》,《晏阳初教育论著选》,人民教育出版社1993年版,第36页)

5

对人的本性来说,家庭的生活环境是第一位

的,也是最重要的……家庭是每个人自然教育的基础,是每一个国家教授社会道德和生活的学校。

⊙(裴斯泰洛齐:《隐士黄昏》,《裴斯泰洛齐选集》第一卷,教育科学出版社1994年版,第197页)

6

成人应该努力了解儿童的需要,最好给儿童提供一个适宜的环境,使他们得到满足。只有这样,才能开创一个教育的新纪元,从而给儿童的生活带来真正的帮助。

⊙(蒙台梭利:《童年的秘密》,京华出版社2002年版,第93页)

7

教育儿童是父母义不容辞的责任。首先要有一个良好的家风作为根本,才能培养出美好的德智习惯并持久不懈地促使其成长。家风不好而想使子女心灵、道德美好,教养不周而想使子女身心活泼,犹如投身污泥而望其一尘不染,不事耕耘却望芽苗成长一样,简直是一种奢望。

⊙(福泽谕吉:《〈福翁百话〉选》,《福泽谕吉教育论著选》,人民教育出版社1991年版,第145页)

8

家庭生活的黏结力就是爱的黏结力……家庭影响如果以最纯洁的形式出现，就是人类教育中所能想象到的最高尚的因素。在有爱和爱的能力的家庭环境中，可以预言，不论哪种教育形式都不会没有结果，孩子肯定会变好。

（裴斯泰洛齐：《见解与经验》，《裴斯泰洛齐教育论著选》，人民教育出版社 1992 年版，第 293 页）

9

家庭的智力气氛对于儿童的发展具有重大的意义。儿童的一般发展、记忆，在很大的程度上取决于：家庭里的智力兴趣如何，成年人读些什么、想些什么，以及他们给儿童的思想留下了哪些影响。

（苏霍姆林斯基：《给教师的建议》上，教育科学出版社 1980 年版，第 90 页）

10

家庭生活的乐趣是抵抗坏风气的毒害的最好良剂。孩子们的吵吵闹闹，人们原来是感到很讨厌的，现在也觉得很有趣了；父亲和母亲更加感到他们彼此是很需要的,他们相互间比以往更加亲爱了,他们的夫妇关系也更为紧密了。

🌐 (卢梭:《爱弥儿》,商务印书馆 1978 年版,第21 页)

11

家庭是社会的一个天然的基层细胞,人类美好的生活在这里实现,人类胜利的力量在这里滋长,儿童在这里生活着、成长着——这是人生的主要的快乐。

🌐 (马卡连柯:《父母必读》,《马卡连柯全集》第四卷,人民教育出版社 1959 年版,第 30～31 页)

12

在一个管束型的家庭,儿童没有任何权利;在一个溺爱型的家庭,儿童拥有一切权利;一个健全的家庭是属于这样一种类型,即儿童和家长享有平等的权利。

🌐 (尼尔:《萨默希尔——一种激进的儿童教育方法》,1960 年英文版,第 107 页)

父母负有极重大的责任

1

所有的父母都负着一个神圣的使命。他们是必须而且是唯一能够拯救自己孩子的人,因为他们在社会中具有组织起来的力量,并能在共同生活的实践中采取有力的行动。他们必须清楚地意识到自然界托付给他们使命的重要意义,这个使命使他们超越社会,并使他们能够改善所有的外界环境。毫无疑问,父母的手中掌握着人类社会未来的命运。

（蒙台梭利:《童年的秘密》,京华出版社2002年版,第278页）

2

人类的将来在新一代父母的手中,假如他们仍以武断的权威来毁灭孩子的生命力的话,战争和痛苦就会继续下去。假如他们再蹈他们父母严格训练的覆辙,他们就会失去孩子的爱,因为没有人会真正去爱他所怕的人。

🌑 （尼尔：《夏山学校》，京华出版社 2002 年版，第116 页）

3

儿童的教育，是我们生活中最重要的一个方面。我们的孩子，是我们国家未来的公民，也是世界未来的公民。他们将创造历史。我们的孩子，是未来的父亲和母亲，他们也将成为自己的孩子的教育者……亲爱的家长们！首先你们应该牢记这件事情的重要性，牢记你们对此所承担的重大责任。

🌑 （马卡连柯：《儿童教育讲座》，河北人民出版社1997 年版，第 9 页）

4

做父母不是一件容易的事，实在负有极重大的责任，唯有能好好教养儿女的人，才配得上父母的资格……教养自己的孩子，不独孩子得到幸福，父母得到安慰，就是社会、国家也要受到不少的利益呢！

🌑 （陈鹤琴：《怎样教小孩》，《陈鹤琴全集》第二卷，江苏教育出版社 2008 年版，第 657 页）

5

家长们从来就是——尽管是部分地——自己子女的教育者,并且对教育工作在以后的成功或失败播下最好的种子。不用解释就能明白,在这种情况下,获得教育学方面的知识对于家长们来说,是多么重要。

🌐 (乌申斯基:《论教育书刊的效益》,《乌申斯基教育文选》,人民教育出版社1991年版,第107页)

6

我们对母亲们深怀敬意。母亲是天然的教师。母亲对儿童的影响是巨大的,对幼儿的影响尤其大:我们都知道,孩提时代的生活对一个人的整个性格或一个人的整个发展会打下多深的烙印。全部问题在于我们进行的是什么教育。

🌐 (克鲁普斯卡雅:《共青团工作中的一个最重要部分》,《克鲁普斯卡雅教育文选》下卷,人民教育出版社1987年版,第355页)

7

母亲在本能的驱使下,照顾孩子,喂养他,保护他以及逗引他;满足孩子的各种要求,移开他不喜欢的东西,帮他克服迟钝的毛病。孩子从而得到了他需要的东西,得到了欢乐。爱的种子从此在他心田萌发。

🌑 (裴斯泰洛齐:《葛笃德怎样教育她的孩子》,《裴斯泰洛齐选集》第一卷,教育科学出版社 1994 年版,第 348 页)

8

母亲的义务就是在家庭中做那些学校无法做到的事情。母亲要针对每个孩子的情况进行恰当周到的关怀,这种关怀在学校里总是因日常繁忙的工作而无法实现的。心灵是最好的法官,理智在学校里必然起决定作用,在这种情况下,母亲们要对孩子的心灵讲话,打动孩子的心灵,要以爱来获得教师的权威永远无法得到的东西。

🌑 (裴斯泰洛齐:《母子篇——致友人格瑞弗斯信札》,《裴斯泰洛齐选集》第二卷,教育科学出版社 1996 年版,第 275 页)

9

父母的观念是异常重要的,缺少专门知识往往是父母成为最优秀教育家的羁绊。我确信如果父母渴望其子女获得良好的教育,愿意并有能力提供这种教育的教师决不至于匮乏。

🌐（罗素：《教育和美好的生活》，河北人民出版社
1999 年版，第 3 页）

10

父母的教育水准越高越好，我不是专指父亲
而言……如果父母本身没有受到良好教育的幸
运，也不要因此就减少对孩子的注意，正因为他
们学识少，他们就应该在对孩子的成长有益的其
他事情上更加勤勉。

🌐（昆体良：《雄辩术原理》，《昆体良教育论著选》
人民教育出版社 1989 年版，第 12 页）

11

从别人所受的恩惠有比子女从父母所受的
恩惠更多吗？父母使子女从无而变为有，使他们
看到这么多美好的事物，分享到神明所赐予人的
这么多的福气。这些福气对我们来说都是非常
宝贵的。

🌐（引自色诺芬：《回忆苏格拉底》，商务印书馆
1984 年版，第 52 页）

12

家长们在把自己的子女交给教育者或者送到学校之后,当然不应该因此而摆脱对子女的教育进行监督的神圣义务。但为此家长们应当正确而清楚地了解:一方面,他们可以对教育者或者学校提出什么样的要求,而另一方面,他们对自己的子女又可以提出些什么样的要求。如果仅仅观察自己的子女得了什么分数,是否升了级,考试评语是什么样的——这是非常不够的。

● (乌申斯基:《论教育书刊的效益》,《乌申斯基教育文选》,人民教育出版社 1991 年版,第 106 页)

13

义务教育所强制的不是接受教育的孩子,而是家长,因为他们应当按照这种义务使自己的子女受教育。让子女接受教育,这是对家长专制的最公正的限制,也是社会对个人的最公正的要求。谁有子女,谁就应该把自己的子女培养成对他们生活在其中的那个社会有用的人,使他们成为这个社会的优秀成员。

● (乌申斯基:《关于国民学校问题》,《乌申斯基教育文选》,人民教育出版社 1991 年版,第 121 页)

14

在人的精神世界里，父亲和母亲对儿女明智的爱，使儿女对你们无限忠诚的这种爱的艺术，未必还有别的什么比这更复杂、更睿智、更动人。孩子——这不仅是我们的爱和希望，而且是一个民族永生的标志。

🌐（苏霍姆林斯基：《纯洁与高尚》，《苏霍姆林斯基选集》第五卷，教育科学出版社2001年版，第881页）

家庭教育应该慎重

1

一个人从出生至成人，要靠父母言行的熏染、学校教师的引导、社会环境的影响和世俗风气的感染而发展、成长。所以，其能否成人完全靠家庭、社会多方面培养教育的好坏来决定。其中，幼小时期耳濡目染所养成的习惯影响最深，不易矫正。所以说习惯是第二天性。幼时养成的气质、性格终生难改。人的贤与不肖完全取决于父母和家庭的教育。家庭教育实应慎重从事！

（福泽谕吉：《论家庭习惯的影响》，《福泽谕吉教育论著选》，人民教育出版社 1991 年版，第 141 页）

2

要重视幼儿家庭教育的科学实验，对幼儿的家庭教育应作为一门科学来研究和推广……普及儿童心理学和学前教育学的知识，使广大家长都能对自己的子女有个正确的培养目标和教育方法。

（陈鹤琴：《发展幼儿教育的几点建议》，《陈鹤琴教育文集》下卷，北京出版社 1985 年版，第 216 页）

3

广义的方法观提出这样的问题：家长或教师应该如何面对儿童的整个生活环境，以便最大地唤起儿童的内在资质；又如何引导以后的经验，使结合为一体的知识、态度、习惯、技巧达到最佳程度。

（克伯屈：《教学方法原理》"前言"，人民教育出版社 1991 年版，第 1 页）

4

凡是在家庭圈子里有着爱和能容纳爱的地

方,可以预料,那里一定会有成功的教育,孩子一定可以变成善良的人。

💿 (裴斯泰洛齐:《致格瑞夫斯的信》,引自《现代教育的起源和发展》,北京语言学院出版社1992年版,第158页)

5

应让他们明白,缺乏父母般的爱心,就不能成为好父母;但是即使有了父母般的爱心,大量的知识仍然是需要的。缺乏知识的本能不适宜去抚养孩子,这和缺乏本能的知识如出一辙。对知识的必要性理解得越深,有知识的子女就越为母亲的身份所吸引。

💿 (罗素:《教育和美好的生活》,河北人民出版社1999年版,第138页)

6

请母亲坚定地遵循这条有效的古老法则,即对婴儿的关心要持之以恒,尽可能坚持同一种做法:如果孩子的需求是实际的,就决不要忽视它们,如果他们的需求是非分的,或者胡搅蛮缠地来表示这种需求,那么就决不能纵溺。这种做法实行得越早,越能持之以恒,孩子所获得的益处也就越大，越持久。

🌑 （裴斯泰洛齐：《致格瑞夫斯的信》，《裴斯泰洛齐教育论著选》，人民教育出版社 1992 年版，第 348～349 页）

7

母亲的爱，这是教育的真正原动力。但是不应忘记：这种母亲之爱如同未加工的璞玉，只有经过雕琢，才能成为熠熠发光的宝石。雕琢是必要的，溺爱的母亲相反会坑害孩子。俗话说："玉不琢，不成器。"盲目、不成熟、不学无术，这样的母亲会害了孩子，使孩子变坏。

🌑 （小原国芳：《母亲教育学》，《小原国芳教育论著选》下卷，人民教育出版社 1993 年版，第 190 页）

8

有一种普遍的看法，这种看法不同意把一个孩子挨紧抚抱、娇养溺爱，使其在父母的膝上长大，这种看法不无道理。因为，父母天生的慈爱或柔情，甚至对最聪明的人，也往往觉得是那么懒散和过于啰嗦，因为父母们不能，也不想制止、纠正或惩罚他们的孩子的过错。

🌑 （蒙田：《论儿童的教育》，《中世纪教育文选》，

人民教育出版社1989年版，第423页）

9

树木幼小娇弱的时候，园丁是不会用酒或牛奶去灌溉的，他只会用合于树木的液体去灌溉，这就是水。所以，做父母的人要当心，不要用山珍海味去毁了自己的孩子，尤其是正在学习或应学习的孩子。

（夸美纽斯：《大教学论》，人民教育出版社1984年版，第87页）

10

儿童在跟前的时候，应使他们感到舒适自如，他们在父母或导师的跟前应该获得他们的年岁应有的自由，不可无故加以不必要的拘束。假如他们觉得处在父母、导师的跟前等于坐牢似的，他们自然就不喜欢跟父母、导师在一道了。

（洛克：《教育漫话》，教育科学出版社1999年版，第43～44页）

11

父母不应当硬要自己的子女去做与他们的

直接兴趣毫不相干的事,而应当首先让他们获得力量,这种力量是通过有效地处理身边的事务而产生的。力戒严厉和过度的压力。父母如果预先给子女拟定常规的发展进程,就会降低孩子的能力,严重地扰乱基本性的平衡。

🌑 (裴斯泰洛齐:《隐士的黄昏》,《裴斯泰洛齐教育论著选》,人民教育出版社 1992 年版,第 239 页)

12

父母是教育的共同劳动者。因此,在某种程度上需要家长对孩子回答问题并提出问题。睡觉前讲故事,当然也要准备教育所用的设想,但也不要太过分。不可从家长愿望出发去拔苗助长,拼命灌输,事事都管,这样会使孩子对学校的学习失去兴趣,失掉进取心。

🌑 (小原国芳:《母亲教育学》,《小原国芳教育论著选》下卷,人民教育出版社 1993 年版,第 256 页)

13

绝大多数的父母相信,如果他们不教给孩子道德观念,或者不随地告诉他们什么是错、什么是对的话,他们就未对孩子尽到责任。每个家长都相信,除了养育孩子的身体以外,更重要的是灌输给他们道德观念。假如孩子不接受这种训练,长大以后他就会变成一个无法控制、只顾自己不顾别人的野人。

🌐 (尼尔:《夏山学校》,京华出版社2002年版,第158页)

14

但愿我们自己不去败坏我们的孩子的道德!还在最早的婴儿时期,我们就以娇生惯养在败坏孩子的道德。我们称之为溺爱的那种娇弱的教育造成了身体上和精神上一切力量的衰退。

🌐 (昆体良:《雄辩术原理》,《昆体良教育论著选》,人民教育出版社1989年版,第20页)

15

做父母的常从错误中获得教益,只有当孩子长大时,他们才会懂得应如何教育孩子。

🌐 (罗素:《罗素论教育》,人民教育出版社2009年版,第74页)

父母必须以身作则

1

小孩子生来是无识的，不知什么是好，什么是坏，他的一举一动可以说一方面受遗传的影响，一方面受环境的约束，受教育的支配。小的时候，环境中最重要的因素是父母，教养中的最重要因素，恐怕也是父母。

（陈鹤琴：《怎样做父母》,《陈鹤琴教育文集》上卷，北京出版社1985年版，第768页）

2

你们自身的行为在教育上是具有决定意义的，不要以为只有你们在同孩子谈话，或教导孩子、命令孩子的时候，才是在教育孩子。在你们生活的每一瞬间，甚至当你们不在家的时候，都在教育孩子。你们怎样穿衣服，怎样跟别人谈话，怎样谈论其他的人，你们怎样表示欢欣和不快，怎样对待朋友和仇敌，怎样笑，怎样读报——所有这些对儿童都有很大的意义。

🌑（马卡连柯：《儿童教育讲座》,《马卡连柯教育文集》下卷,人民教育出版社1985年版,第135页）

3

父母认为,教育只是教会读书识字,这样做,便可以培养优秀的人才,而对自己应以身作则的道理却根本不用心考虑。要知道,父母的身教远比教会读书识字更能感染儿童的心灵,这才是最重要的教育。所以,对父母自身的行为决不可等闲视之。

🌑（福泽谕吉：《论家庭习惯的影响》,《福泽谕吉教育论著选》,人民教育出版社1991年版,第142页）

4

做父母的十分检束自己的行为,凡不许儿女做的,父母不做,且禁止家庭中任何人做。

🌑（黄炎培：《怎样教我中学时期的儿女》,《黄炎培教育文选》,上海教育出版社1985年版,第256页）

5

父母对自己的要求,父母对自己家庭的尊敬,父母对自己的一举一动的检点,这是首要的和最基本的教育方法!

（马卡连柯:《儿童教育讲座》,《马卡连柯教育文集》下卷,人民教育出版社1985年版,第136页）

6

我们之所以富有,那是因为我们是儿童的继承人。开始时一无所有的儿童,为我们奠定了未来生活的基础。从一无所有到未来生活的第一源泉,儿童作出了巨大的努力。

（蒙台梭利:《童年的秘密》,京华出版社2002年版,第72页）

加强家庭与学校的联系

1

教育有大小两种。小的一种是学校所提供的;大的一种,即具有最后的影响力的教育,是各种实际生活条件所提供的,特别是家庭和周围环境的条件。

（杜威:《杜威对于苏维埃俄罗斯和革命的世界

墨西哥、中国、土耳其的印象》,1964年英文版,第80页)

2

确实适合人的天性需要的每项教育实验,应同每个好父亲、好母亲和好教师身上发现的并在整个行动中有力地表现出来的那一切统一起来。

（裴斯泰洛齐:《改进教育的观点、经验和手段》,《裴斯泰洛齐选集》第二卷,教育科学出版社1996年版,第180页）

3

家庭教育也必须在对付良好的教学同样自然地会造成的压抑方面起合作作用。学校教育必须为家庭教育留出必要的时间。从后一点看,虽然在迫不得已的情况下特别强调要求家庭教育能使少年有充分的事可做,但是,家庭作业通常不应占据大量的时间,而恰恰相反,只能占据极少量的可能时间。

（赫尔巴特:《普通教育学》,《普通教育学·教育学讲授纲要》,人民教育出版社1989年版,第311页）

4

儿童是在家庭里长大的,在家庭里逐渐长大为少年儿童和学生的。因此,学校必须与家庭保持联系。学校与生活一致,家庭生活与学校生活一致,这是这一时期里……达到完善境界的完善的人的发展和人的教育之首要的、绝对不可缺少的要求。

（福禄培尔:《人的教育》,人民教育出版社1991年版,第173页）

5

只有在这样的条件下才能实现和谐的全面发展:两个教育者——学校和家庭不仅要一致行动,向儿童提出同样的要求,而且要志同道合,抱着一致的信念,始终从同样的原则出发,无论在教育的目的上、过程上还是手段上,都不要发生分歧。

（苏霍姆林斯基:《给教师的建议》下,教育科学出版社1981年版,第244页）

附录

100 位中外教育家简介

1. 孔子(前 551～前 479)，春秋末期思想家、教育家。其学说存于《论语》。

2. 墨翟(约前 468～前 376)，春秋战国时期思想家、教育家。其学说存于《墨子》。

3. 孟轲(约前 372～前 289)，战国时期思想家、教育家。著作有《孟子》。

4. 荀况(约前 313～前 238)，战国末期思想家、教育家。著作有《荀子》。

5. 董仲舒(前 179～前 104)，西汉哲学家、教育家。著作有《春秋繁露》《董子文集》等。

6. 王充(27～约 97)东汉教育家。著作有《论衡》。

7. 颜之推(531～约 595)，北齐文学家、教育家。著作有《颜氏家训》等。

8. 韩愈(768～824)，唐朝文学家、教育家。著作有《韩昌黎文集》等。

9. 胡瑗(994～1059)，北宋教育家。著作有《论语说》。

10. 张载(1020～1077)，北宋哲学家、教育家。著作有《张子全书》等。

11. 王安石(1021～1086)，北宋政治家、文学家、教育家。著作有《王文公文集》等。

12. 朱熹(1130～1200)，南宋哲学家、教育家。著作有后人汇辑的《朱子语类》等。

13. 陆九渊(1139～1193)，南宋哲学家、教育家。著作有后人汇辑的《象山先生全集》。

14. 王守仁(1472～1528)，明朝哲学家、教育家。著作有后人汇辑的《王文成全书》。

15. 张履祥(1611～1674)，明清之际教育家。著作有《杨园先生全集》等。

16. 王夫之(1619～1692)，明清之际思想家、教育家。著作有后人汇辑的《船山遗书》。

17. 颜元(1635～1704)，清初思想家、教育家。著作有《四存编》《习斋记余》等。

18. 龚自珍(1792～1841)，清朝思想家、文学家、教育家。著作有《龚自珍全集》等。

19. 张之洞(1837～1909)，清朝教育家。著作有《劝学篇》等。

20. 严复(1854～1921)，近代思想家、教育家。著作有《严几道诗文钞》《严译名著丛刊》等。

21. 康有为(1858～1927)，近代思想家、教育家。著作有《新学伪经考》《大同书》等。

22. 蔡元培(1868～1940)，近代教育家。著作有《蔡元培全集》等。

23. 梁启超(1873～1929)，近代思想家、教育家。著作有《饮冰室合集》等。

24. 徐特立(1877～1968)，近现代教育家。著作有后人辑成的《徐特立教育文集》。

25. 黄炎培(1878～1965)，近现代教育家。著作有后人辑成的《黄炎培教育文选》。

26. 鲁迅(1881～1936)，近现代文学家、教育家。著作有《鲁迅全集》等。

27. 晏阳初(1890~1990)，近现代教育家。著作有《晏阳初全集》等。

28. 陶行知(1891~1946)，近现代教育家。著作有《陶行知全集》等。

29. 陈鹤琴(1892~1982)，近现代教育家。著作有《陈鹤琴教育文集》等。

30. 杨贤江(1895~1931)，近现代教育家。著作有《新教育大纲》《教育史 ABC》等。

31. 苏格拉底(Socrates，前469~前399)，古希腊哲学家、教育家。其教育思想见柏拉图的《苏格拉底的最后日子——柏拉图对话集》、色诺芬的《回忆苏格拉底》等。

32. 柏拉图(Plato，前427~前347)，古希腊哲学家、教育家。著作有《理想国》《法律篇》等。

33. 亚里士多德(Aristotle，前384~前322)，古希腊哲学家、教育家。著作有《工具论》《政治学》等。

34. 昆体良(Marcus Fabius Quintilianus，约35~95)，古罗马教育家。主要教育著作有《雄辩术原理》等。

35. 伊拉斯谟(Desiderius Erasmus，约1466~1536)，文艺复兴时期尼德兰(今荷兰)人文主义者、教育家。主要教育著作有《愚人颂》等。

36. 莫尔(Thomas More，1478~1535)，文艺复兴时期英国人文主义者、教育家。主要教育著作有《乌托邦》等。

37. 蒙田(Michel de Montaigne，1533~1592)，文艺复兴时期法国人文主义者、教育家。主要教育著作有《蒙田随笔》《人生随笔》等。

38. 培根(Francis Bacon，1561~1626)，近代英国科学家、教育家。主要教育著作有《崇学论》《新大西岛》《培根论说文集》等。

39. 夸美纽斯(John Amos Comenius, 1592～1670),17
世纪捷克教育家。主要教育著作有《大教学论》
《母育学校》《世界图解》等。

40. 弥尔顿(John Milton, 1608～1674),17世纪英国诗
人、教育家。主要教育著作有《论教育》等。

41. 洛克(John Locke, 1632～1704),17世纪英国哲学
家、教育家。主要教育著作有《教育漫话》《人类理
解力论》等。

42. 卢梭(Jean Jacques Rousseau, 1712～1778),18世
纪法国启蒙思想家、教育家。主要教育著作有《爱
弥儿》《漫步遐想录》等。

43. 爱尔维修(Cloude Adrien Helvéktius, 1715～
1771),18世纪法国启蒙思想家、教育家。主要教
育著作有《论人及其智力和教育》等。

44. 康德(Immanuel Kant, 1724～1804),18世纪德国
哲学家、教育家。主要教育著作有《论教育》等。

45. 杰斐逊(Thomas Jefferson, 1743～1826),18世纪
美国政治活动家、教育家。主要教育著作有《托马
斯·杰斐逊的教育著作》等。

46. 裴斯泰洛齐(Johann Heinrich Pestalozzi, 1746～
1827),18世纪瑞士教育家。主要教育著作有《林
哈德和葛笃德》《葛笃德怎样教育她的子女》等。

47. 洪堡(Friedrich Whihelm Christian Carl Ferdinand
von Humboldt, 1767～1835),19世纪初期德国社
会活动家、教育家。主要教育著作有《立陶宛的学
校计划》《论柏林高等学术机构的内部和外部组
织》等。

48. 欧文(Robert Owen, 1771～1858),19世纪英国空

想社会主义者、教育家。主要教育著作有《新社会观》《新道德世界书》等。

49. 赫尔巴特（Johann Friedrich Herbart，1776～1841），19世纪德国教育家。主要教育著作有《普通教育学》《教育学讲授纲要》等。

50. 福禄培尔（Friedrich Wilhelm August Fröbel，1782～1852），19世纪德国教育家。主要教育著作有《人的教育》《幼儿园教育学》等。

51. 第斯多惠（Friedrich Adolf Wilhelm Diesterweg，1790～1866），19世纪德国教育家。主要教育著作有《德国教师培养指南》等。

52. 贺拉斯·曼（Horace Mann，1796～1859），19世纪美国教育家。主要教育著作有《十二年度报告》等。

53. 斯宾塞（Herbert Spencer，1820～1903），19世纪英国哲学家、教育家。主要教育著作有《教育论》等。

54. 乌申斯基（Константин Д. Ушинский，1824～1870），19世纪俄国教育家。主要教育著作有《论公共教育的民族性》《人是教育的对象》《师范学校草案》等。

55. 福泽谕吉（1835～1901），近代日本启蒙思想家、教育家。主要教育著作有《劝学篇》《文明论概略》等。

56. 帕克（Francis Wayland Parker，1837～1902），19世纪美国教育家。主要教育著作有《关于教育学的谈话》等。

57. 霍尔（Granville Seanley Hall，1844～1924），19世纪美国心理学家、教育家。主要教育著作有《青年期的心理和教育》等。

58. 爱伦·凯(Ellen Key，1849～1926)，20 世纪初期
瑞典作家、教育家。主要教育著作有《儿童的世
纪》等。

59. 涂尔干(Emile Durkheim，1858～1917)，19 世纪法
国社会学家、教育家。主要教育著作有《道德教
育》《教育思想的演进》等。

60. 杜威(John Dewey，1859～1952)，20 世纪美国哲学
家、教育家。主要教育著作有《学校与社会》《民主
主义与教育》《我们怎样思维》《经验与教育》等。

61. 怀特海(Alfred North Whitehead，1861～1947)，20
世纪英国哲学家、教育家。主要教育著作有《教育
的目的》等。

62. 阿兰(Alain，1868～1951)，20 世纪法国哲学家、教
育家。主要教育著作有《教育漫谈》等。

63. 克鲁普斯卡雅 (Надежда К. Крупская，1869～
1939)，20 世纪苏联教育家。主要教育著作有《国
民教育和民主主义》等。

64. 沛西·能(Thomas Percy Nunn，1870～1944)，20
世纪英国教育家。主要教育著作有《教育原
理》等。

65. 蒙台梭利(Maria Montessori，1870～1952)，20 世
纪意大利教育家。主要教育著作有《蒙台梭利方
法》《童年的秘密》《有吸引力的心理》等。

66. 德可乐利(Ovide Decroly，1871～1932)，20 世纪初
期比利时教育家。主要教育著作有《比利时德可
乐利的教育方法》《走向革新的学校》等。

67. 克伯屈(William Heard Kilpatrick，1871～1965)，
20 世纪美国教育家。主要教育著作有《教育方法
原理》《设计教学法》等。

68. 罗素（Bertrand Russell, 1872～1970）, 20 世纪英国哲学家、教育家。主要教育著作有《论教育》《教育与社会秩序》等。

69. 巴格莱（William Chandler Bagley, 1874～1946）, 20 世纪美国教育家。主要教育著作有《教育与新人》等。

70. 卢那察尔斯基（Анатолий В. Луначарский, 1875～1933）, 20 世纪苏联教育家。主要教育著作有《卢那察尔斯基论国民教育》等。

71. 沙茨基（Станислав Т. Шачкий, 1878～1934）, 20 世纪苏联教育家。主要教育著作有《沙茨基教育著作选》等。

72. 布贝尔（Martin Buber, 1878～1965）, 20 世纪奥地利宗教哲学家、教育家。主要教育著作有《我和你》《生存的对话：哲学和教育学全集》等。

73. 斯普朗格（Franz E. E. Spranger, 1882～1963）, 20 世纪德国教育家。主要教育著作有《文化与教育》《青年期心理学》等。

74. 马里坦（Jacques Maritain, 1882～1973）, 20 世纪法国天主教哲学家、教育家。主要教育著作有《宗教与文化》《存在与存在者》等。

75. 雅斯贝尔斯（Karl Jaspers, 1883～1969）, 20 世纪德国哲学家、教育家。主要教育著作有《什么是教育》《大学的理念》等。

76. 尼尔（Alexander S. Neil, 1883～1972）, 20 世纪英国教育家。主要教育著作有《萨默希尔——激进的儿童教育方法》《谈谈萨默希尔学校》等。

77. 小原国芳（1887～1977）, 20 世纪日本教育家。主要教育著作有《全人教育论》《理想的学校》等。

78. 马卡连柯（Антон С. Макаренко，1888～1939），20
世纪苏联教育家。主要教育著作有《教育诗》《塔
上旗》《父母必读》《儿童教育讲座》等。

79. 科南特（James Bryant Conant，1893～1978），20 世
纪美国教育家。主要教育著作有《知识的堡垒》
《今日美国中学》《美国师范教育》等。

80. 皮亚杰（Jean Paul Piaget，1896～1980），20 世纪瑞
士心理学家、教育家。主要教育著作有《儿童的语
言与思维》《教育科学与儿童心理学》等。

81. 赫钦斯（Robert M. Hutchins，1899～1977），20 世
纪美国教育家。主要教育著作有《民主社会教育
中的冲突》《学习社会》等。

82. 赞可夫（Леонид В. Эанков，1901～1977），20 世纪
苏联教育家。主要教育著作有《教学与发展》《和
教师的谈话》等。

83. 罗杰斯（Carl Ransom Rogers，1902～1987），20 世
纪美国心理学家、教育家。主要教育著作有《咨询
与心理治疗》等。

84. 泰勒（Ralph W. Tyler，1902～1994），20 世纪美国
教育家。主要教育著作有《课程与教学的基本原
理》等。

85. 博尔诺夫（Otto Friedrich Bollnow，1903～1991），
20 世纪德国教育家。主要教育著作有《教育人类
学》等。

86. 布拉梅尔德（Theodore Brameld，1904～1987），20
世纪美国教育家。主要教育著作有《教育哲学模
式》《教育即力量》等。

87. 马斯洛（Abraham Harad Maslow，1908～1970），
20 世纪美国心理学家、教育家。主要教育著作有

《动机与人格》《人性能达到的境界》等。

88. 富尔（Edgar Faure，1908～1988），20世纪国际知名教育家。主要教育著作有《学会生存》等。

89. 朗格朗（Paul Lengrand，1910～2001），20世纪法国教育家。主要教育著作有《终身教育引论》等。

90. 布卢姆（Benjamin Samuel Bloom，1913～1999），20世纪美国心理学家、教育家。主要教育著作有《教育目标分类学》《教育评价》等。

91. 布鲁纳（Jerome S. Bruner，1915～　），20世纪美国教育家。主要教育著作有《教育过程》《教学论探讨》等。

92. 苏霍姆林斯基（Василин А. Сухомлинский，1918～1970），20世纪苏联教育家。主要教育著作有《帕夫雷什中学》《把心灵献给儿童》《给教师的一百条建议》《和青年校长的谈话》等。

93. 弗莱雷（Paulo Freire，1921～1997），20世纪巴西教育家。主要教育著作有《被压迫者的教育学》《教育政治学：文化、权力与解放》等。

94. 克雷明（Lawrence A. Cremin，1925～1990），20世纪美国教育家。主要教育著作有《学校的变革》《公共教育》《美国教育史》（三卷本）等。

95. 德洛尔（Jacques Delors，1925～　），当代国际知名教育家。主要教育著作有《教育——财富蕴藏其中》等。

96. 巴班斯基（Юрий К. Бабанский，1927～1987），20世纪苏联教育家。主要教育著作有《教学教育过程最优化——方法基础》等。

97. 柯尔伯格（Lawrence Kohlberg，1927～1987），20世纪美国心理学家、教育家。主要教育著作有《道德发展心理学》《道德发展哲学》等。

98. 哈贝马斯(Jurgen Habermas，1929～　)，当代德
国哲学家、教育家。主要教育著作有《交往行为
理论》等。

99. 加德纳(Howard Gardr，1943～　)，当代美国心
理学家、教育家。主要教育著作有《智能的结构》
《多元智能》《智能的重构：21 世纪的智力》等。

100. 派纳(William F. Piner，1947～　)，当代美国教
育家。主要教育著作有《当代课程话语》《理解课
程》等。